DEN UMISTELIGE YTRINGSFRIHED

Poul Ferland

DEN UMISTELIGE YTRINGSFRIHED

Et essay om ytringsfrihedens og menneskerettigheders grundlag

Af samme forfatter:

Kritik af magten
Det identiskes ophævelse i Adornos negative dialektik (disputats)
Skiftespor
Lysglimt
Karl Kraus
Oplyst sport
Rundt om Aalborg Symfoniorkester
Teknologikritik i det 20. århundrede især
Hvad er et kunstmuseum i dag?
At tænke selv
Kulturarv og -gæld
Skyggesider
Modstandskamp & Landsforræderi
Dannelse og den formørkede fornuft

Forlag: BoD – Books on Demand, Hellerup, Danmark
Tryk: BoD – Books on Demand, Norderstedt, Tyskland
ISBN: **9788743054764**

INDHOLD

INDLEDNING

Det er ikke ligegyldigt, om mennesker – og det vil sige alle mennesker uden undtagelse – har nogle fundamentale rettigheder, der ikke uden retslige konsekvenser lader sig træde under fode. Enten har mennesker rettigheder, der ikke uden strafferetlige konsekvenser kan krænkes, eller også har mennesker ikke sådanne rettigheder; er det sidste tilfældet, åbnes der følgelig de facto op for vilkårlig behandling og undertrykkelse af mennesker.

Menneskerettigheder aktualiseredes især efter *Anden Verdenskrig* og nazismens forfølgelse af og drab på ikke mindst jøder og sigøjnere, men derudover også på svage og 'unyttige' medborgere som psykisk syge samt politiske modstandere. Ydermere stod drab på gamle, ligeledes uarbejdsdygtige og af den grund 'unyttige' medborgere i Nazi-Tyskland formodentlig for døren ved krigens ophør.

Hverken bestemte racetilhørsforhold eller arbejdsduelighed og derfor samfundsnytte eller ikke-arbejdsduelighed og følgelig ubrugelighed i alle samfundets funktioner er således ifølge menneskerettighedstænkningen afgørende for menneskers grundlæggende rettigheder i noget samfund. Menneskerettighederne er universelle såvel i den forstand, at de for det første i princippet gælder for alle stater og nationer og for det andet gælder for alle menneskelige individer uden undtagelse.

Menneskerettigheder er således en betryggelse imod, at en given, magtfuld samfundsgruppe betragter sig som væsener af en højere race, art eller kvalitet end andre samfundsgrupper og af den grund mener sig berettiget til at behandle disse efter forgodtbefindende. Uden sådan betryggelse er et samfund åbent for undertrykkelse og vilkårlig behandling af særlige grupper af borgere.

Retten til frit at ytre sig har en helt central status blandt de fundamentale menneskerettigheder. Ytringsfriheden er uadskilleligt forbundet med den oplysning, der i hvert fald siden 1700-tallets såkaldte oplysningstid har været et afgørende, uafsluttet projekt i især de vestlige lande. For retten til at give og få oplysning, det være sig videnskabeligt, filosofisk eller politisk mm., om verdens mangfoldige forhold er ytringsfriheden selvsagt helt afgørende. Ytringsfriheden er derudover det enkelte menneskes mulighed for uden frygt for repressalier at sige, hvordan det fysisk og psykisk befinder sig under givne, konkrete forhold i samfundet, fx i skolen, på arbejdspladsen, i samfundsøkonomien eller i det politiske system. Den er således helt central i borgernes og samfundets aldrig afsluttede forsøg på igennem konkret kritik af gældende samfundsforhold at gennemføre alment bedre forhold for mennesker.

Ytringsfriheden er altså helt intimt forbundet med troen på, at fremskridt igennem kritik af gældende forhold er mulige. Men det vil så omvendt sige, at ytringsfriheden væsentligt betragtet ikke har noget slægtskab med nedgøring af andre mennesker. Den har med andre ord den solidariske oplysning af mennesker som sit altoverskyggende formål, aldrig deres nedværdigelse.

Det er imidlertid af afgørende betydning for det enkelte menneske og for menneskers samfund, hvilken status ytringsfriheden skal tilskrives. Er den altså en social konstruktion, der lader sig demontere til fordel for en anden social konstruktion, er den altså en rent kulturelt bestemt frembringelse, relativ til en bestemt kultur og et bestemt kulturelt udviklingsstade, eller er den på den anden side solidt og i en vis forstand 'metafysisk' funderet i menneskers og verdens beskaffenhed, om end tydeligvis historisk opkommet?

I bogen vil det blive søgt påvist, hvilket er dens hovedtese, at ytringsfriheden som paradigme på en menneskerettighed har et uafviseligt fundament i virkeligheden, der i afgørende grad er uafhængigt af sociale og kulturelle konstruktioner eller traderede forestillinger. Menneskerettigheder generelt vil, i egenskab af ytringsfrihedens uomgængelige grundlag, gennemgående indgå i og blive belyst kritisk igennem analysen.

I det første kapitel vil uomgængelige menneskerettighedsrelevante dokumenter fra nyere og nyeste, moderne tid blive kritisk gennemgået med særligt henblik på at forberede afdækningen af den universelle ytringsfriheds 'metafysiske' status. Det gælder *Den Amerikanske Uafhængighedserklæring* (1776), (den franske) *Menneskerettighedserklæringen af 1789*, *FN's Verdenserklæring om Menneskerettighederne* (1948) samt *Den Europæiske Menneskerettighedskonvention* (1950) foruden sideblikke til den danske *Grundlov* (1849).

Ytringsfrihed og grundlæggende rettigheder i førmoderne, in casu antik og middelalderlig, sammenhæng eller i deklarationer og andre skrifter fra disse epoker vil ikke blive tematiseret, især fordi sådanne rettigheder, for så vidt som de overhovedet var gældende, ikke i disse epoker var af universel karakter, men derimod, hvad angår det antikke, græske demokrati i 4. og 5. århundreder fvt., var forbeholdt frie mænd og ikke hverken kvinder eller slaver. I middelalderens feudalsamfund var disse rettigheder primært reserveret adelsmænd foruden naturligvis kongen, fx i det engelske *Magna Charta (Det store (friheds)brev)* fra 1215.

I den græsk-romerske, antikke filosofiske retning stoicismen findes der, ligesom i den middelalderlige kristendom, som er påvirket af stoikerne, ganske vist ansatser til en universel menneskeretstænkning; men begge hører til og tænker inden for mere statiske sociale sammenhænge end de nyere liberale, dynamiske menneskeretsideer og vil derfor heller ikke blive taget op i denne bog. Det er således udelukkende nøgleskrifter fra moderne tid, især fra 1700-tallets oplysningstid og frem, der vil blive inddraget som særligt relevante for aktualiserede, universelle begreber om menneskerettigheder og ytringsfrihed.[1]

I 2. kapitel vil nogle vigtigere indvendinger imod menneskeretstanken blive behandlet.

Det derpå følgende 3. kapitel er bogens omdrejningsakse, som har til hensigt at bidrage til at afdække ytringsfrihedens 'metafysiske' status.

1 Den engelske *Bill of Rights (Charter om rettigheder)* fra 1689 er en forløber for senere deklarationer og forfatninger vedrørende menneskers fundamentale rettigheder. Den havde primært til formål at bestemme *Parlamentets* rettigheder i forhold til monarken. I dens *Artikel 9* hedder det om *Parlamentets* ytringsfrihed ***"Freedom of speech and debates or proceedings in Parliament ought not to be impeached or questioned in any court or place out of Parliament".*** In: *Parliamentary Privilege - First Report*. Nettet 29.9.23. - *("Ytringsfrihed og debatter eller procedurer bør ikke bringes for en rigsret elle nogen anden ret uden for Parlamentet").*

I 4. kapitel opsamles i kort form bogens teser og ideer om menneskerettigheders 'metafysiske' status.

KAPITEL 1

Ytringsfriheden i menneskerettighedserklæringer

Den Amerikanske Uafhængighedserklæring af 4. juli 1776

Helt central i *Den Amerikanske Uafhængighedserklæring (Declaration of Independence)* er denne sætning:
"**Vi** anser disse sandheder for selvindlysende, at alle mennesker er skabt lige, og at de af deres Skaber har fået visse umistelige rettigheder, heriblandt retten til liv, frihed og stræben efter lykke" (in *USA's Uafhængighedserklæring, Wikisource*, citeret 5.9.23).[2]

I denne politiske deklaration, primært konciperet og rettet imod den britiske kolonimagt og vedtaget i *Kongressen* af 13 forenede amerikanske stater, finder man ikke nogen udtrykt tvivl om, at der gives

2 In: *USA's Uafhængighedserklæring,* Wikisource, citeret fra nettet 5.9.23. Alle dansksprogede citater i dette afsnit er fra denne kilde, medmindre andet nævnes. – *"We hold these truths to be self-evident, that all men are created equal, that they are endowed by their Creator with certain unalienable Rights, that among these are Life, Liberty and the pursuit of Happiness"* . In: *Declaration of Independence,* National Archives, citeret fra nettet 5.9.23. – Alle engelsksprogede citater i dette afsnit er fra denne kilde, medmindre andet nævnes.

uomtvistelige og umistelige menneskerettigheder – dette ord anvendes dog ikke i deklarationen – uafhængigt af menneskers subjektive eller intersubjektive meninger eller deres politiske konventioner. Menneskers rettigheder er ifølge erklæringen ikke blot sande, men også selvindlysende ("self-evident") – og burde i grunden kunne indses af alle mennesker. Der er derfor ingen undskyldning for ikke at anerkende disse sande rettigheder; den engelske kolonimagt, som erklæringen er rettet og har brod imod, har derfor ikke blot gjort sig skyldig i grov uret imod de amerikanske kolonibeboere, den har uden tvivl også begået denne uret i fuld bevidsthed om, at det faktisk *var* uret, man begik.

Selvindlysende sandt findes det desuden, at menneskers umistelige rettigheder er givet af deres Skaber ("Creator"). Dette betyder for det første, at menneskers rettigheder ikke blot er givet i og med naturen, ikke blot er naturrettigheder (i *Uafhængighedserklæringens* 1. afsnit tales der om "naturens og Guds ("Nature's God")love"), men primært er transcendent givet af Gud selv. Dvs. givet af en gud, som vel at mærke enten er fælles for alle mennesker, eller der kan muligvis være tale om flere forskelligartede guddomme (fx den kristne, den jødiske og den muslimske), der stemmer overens for alle mennesker i det mindste på det i denne sammenhæng helt centrale punkt, nemlig at han eller denne/de anses for at skabe og have skabt alle mennesker med de i *Uafhængighedserklæringen* nævnte grundlæggende rettigheder. For det andet betyder det, at englænderne ikke blot med deres politik i de amerikanske kolonier forbrød sig imod mennesker, men også imod Gud selv.

Den engelske konge og kolonimagt havde dermed begået den størst mulige synd imod Gud og hans skabninger, og, hvad der givetvis var mindst lige så vigtigt for de amerikanske kolonister, disse havde i og med *Uafhængighedserklæringen* udstyret sig selv med det stærkest mulige åndelige våben imod kolonimagten: gudgiven individuel og kollektiv ret for ikke at sige pligt til frihed og frigørelse fra den engelske kongemagt, der på sin side var stemplet som absolut uretmæssig.

Ytringsfrihed nævnes ikke specifikt i *Uafhængighedserklæringen*, men den er dels impliceret i erklæringens almene begreb om frihed, dels findes den som politisk rettighed – og skriftet er som helhed politisk i sit formål, det drejer sig ikke primært om fx kunstnerisk eller videnskabelig ytringsfrihed, skønt erklæringens almene frihedsbegreb uden nogen tvivl indbefatter også disse felters ytringsfrihed – ligeledes implicit i erklæringen, når det i dennes 2. afsnit hedder, at en regerings retfærdige magt *"hviler på de styredes samtykke".*[3]

Det, som har fremkaldt *Uafhængighedserklæringens* stærke betoning af lighed, retten til liv, frihed og stræben efter lykke og har bevæget amerikanerne til kampen for disse rettigheder, er ikke mindst kolonisternes tilsvarende stærke erfaring af og reaktion på en eneherskers, en despot og tyrans, og det vil i realiteten sige den engelske konges, magtmisbrug (usurpation) og hans fratagelse af de amerikanske borgeres ret til at være medbestemmende på alle områder, således det politiske, det juridiske og det samfundsøkonomiske. Man kan altså sige, at den amerikanske befolknings erfaring af denne undertrykkelse kropsligt, emotionelt og intellektuelt i høj grad har peget på erkendelsen af dennes umenneskelighed og mangel på hensigtsmæssighed og omvendt peget hen imod rettighederne nævnt i *Uafhængighedserklæringen* som det mere humane og

---

3 I *First Amendment of the U.S. Constitution (Første supplement til USA's konstitution)* fra 1791 hedder det imidlertid præciserende: *"Congress shall make no law respecting an establishment of religion, or prohibiting the free exercise thereof; or abridging the freedom of speech, or of the press; or the right of the people peaceably to assemble, and to petition the Government for a redress of grievances".* In: The First Amendment Freedoms of Speech, Religion, and the Press – FindLaw. (Nettet 26.9.23.) Om ytringsfriheden siges det altså, at *"Kongressen skal ikke lave nogen lov (...), der indskrænker ytringsfriheden".*

ønskværdige. Eller sat på spidsen: et værdigt menneskeliv kunne, at dømme efter erklæringens selv, i hvert fald ikke længere leves uden et retsfundament a la *Uafhængighedserklæringen*.

Det var ganske vist tanker, som tilhørte en fremherskende tendens i tiden, dvs. 1700-tallets oplysningstid, tanker, som politisk filosofisk – og ironisk nok – i høj grad var præget af englænderen John Locke (1632-1704). Epoken var politisk og økonomisk liberal – den skotske økonom og filosof Adam Smiths (1723-1790) bog *Wealth of Nations (Nationernes velstand)* blev således udgivet i det selvsamme år 1776, som *Uafhængighedserklæringen* blev vedtaget – med en fremherskende optimistisk tro på, at alle mennesker igennem dialog og fælles beslutninger kunne forbrødres og gå fremskridtets vej. Det "broderskab", som *Den franske Revolutions* motto fremhæver, kunne de amerikanske forfattere til *Uafhængighedserklæringen* givetvis have istemt – i modsætning til en anden engelsk filosof, Thomas Hobbes (1588-1679), der i sin bog *Leviathan* (1651) anså menneskene for i alt for høj grad egoistiske til at kunne have noget broderskab og til forskel fra oplysningsfolkene i almindelighed betragtede samfundet som "alles krig imod alle" ("bellum omnium contra omnes"), som måtte styres med hård hånd af en absolut enevældig monark.

Tidsånden var rigtignok med og ydermere grundlag for *Uafhængighedserklæringen;* det var således ikke udelukkende de amerikanske kolonisters erfaringer, der udmøntede sig i den. Men sagen var ikke desto mindre også den, at bevæggrundene for den almene, internationale forekomst af tidens liberale tanker, fx i forbindelse med *Den franske Revolution*, var forskellige former for og nationale afarter af undertrykkelse, politisk, retslig, økonomisk, religiøs med mere. Det kan altså hævdes, at der i ikke ringe grad var tale om fælles menneskelige repressionserfaringer bag de vitale, liberale nybrud i Europa og Amerika i 1700-tallet.

Imidlertid begrunder *Uafhængighedserklæringen* hverken sin postulerede guddommelige eller naturlige oprindelse, og den forbliver således på dette centrale punkt et rent postulat, uagtet den intuitive, sympatisk indstillede tilslutning, man muligvis måtte give den. Dens eventuelt guddommelige oprindelse må således forblive en trossag. Og med hensyn til rettighedernes naturlige udspring synes menneskenes natur og deres vilkår på mange måder alt for fundamentalt ubestemte, sammensatte og variable til, at frihedsrettigheder skulle være eksklusivt medfødte og ikke fx historisk opkommet og muligvis historisk transitoriske.

Det bør dog for det første tilføjes, at *Uafhængighedserklæringens* klippefaste tro på de fundamentale rettigheders guddommelige og naturlige udspring og dens tro på disse rettigheder som det bestandige eller snarere eneste legitime grundlag i og for menneskelivet i høj grad viser hen til samtidens religiøse deisme, det vil sige en art rationalistisk tro på en Gud som ren, mekanisk virkeårsag, der så at sige ved tidernes begyndelse har sat verden i gang med et 'skub', men derefter lader denne verden og dens mennesker klare sig selv. Naturlovenes rene kausalitet, loven om årsag og virkning, vil da med tiden mekanisk fuldføre Guds plan og formål med verden med menneskene som velforstået egeninteresserede bærere af denne moralske såvel som fysiske lovmæssighed, der lader sig gennemskue og analysere af mennesker og i historiens løb vil føre til mere og mere udviklede og harmoniske samfund og en harmonisk sammenhæng mellem verdens mennesker. Denne deistiske overbevisning deler amerikanske ophavsmænd til *Uafhængighedserklæringen* – det gælder således to af de mest kendte *Founding Fathers*, Benjamin Franklin og Thomas Jefferson, og delvis George Washington – med de franske politikere og oplysningsfolk bag *Menneskerettighedserklæringen* af

1789.

For det andet skal det tilføjes, at mange af "de grundlæggende fædre" bag *Uafhængighedserklæringen* og derudover bl.a. bag den amerikanske *Constitution* samt USA's tilblivelse som nation, fx delvis Benjamin Franklin, var protestanter af calvinistisk konfession, der var deres fædrene tro. Calvinismen var delvis forenelig med tidens rationelle former for religion, herunder deismen, dels derved, at mennesket i samfundet og verden var sin egen lykkes smed, der via sit eget arbejde kunne skaffe sig succes og derigennem vise, at det havde Guds nåde. Som den deistiske guddom blandede calvinismens teistiske, personlige Gud sig ikke i menneskelivet; men denne havde altså frisat hvert enkelt menneske til at arbejde og derigennem søge sin egen lykke og succes i livet. Kendskabet til og udnyttelsen af naturlovene er således i og med arbejdets centrale status helt essentiel i den calvinistiske tro og samfundsopfattelse og iboende samfundsmæssige fremskridtstro. – Og dels kunne også calvinismen godtage afsættelse af en tyran fra magten; thi denne var som den øvrige del af menneskeheden født som uforbederlig synder og derfor fejlbarlig og altså ikke indsat som så at sige guddommelig monark og autark af Gud. Denne arvesyndsopfattelse og pessimistiske menneskeopfattelse var dog ikke så meget deismens og oplysningstidens, der snarere opfattede mennesket som hvis ikke perfekt så dog som vedvarende perfektibel. Af samme syndighedsgrunde sanktionerede calvinismen ligeledes magtens tredeling; det gik ikke at overlade alle tre magtformer, den lovgivende, den udøvende og den dømmende, til en enkelt syndig, fejlbarlig og måske overdrevent selvisk person eller instans.

Menneskerettighedserklæringen af 1789[4]

Den franske *Nationalforsamling* vedtog denne erklæring om menneskets og borgerens rettigheder den 26. august 1789.

Med særlig relevans for begrebet om ytringsfrihed er erklæringens *artikel 11*; heri proklameres det:
"Den frie tanke- og meningstilkendegivelse er en af menneskets dyrebareste rettigheder; enhver kan tale, skrive og trykke frit, men skal ved misbrug af denne frihed stå til ansvar i de tilfælde, loven bestemmer".[5]

Den nærmere begrundelse for ytringsfriheden og de øvrige menneskerettigheder fremsættes i præamblen, og selve rettighederne følger derpå i 17 artikler, hvoraf de fire første og helt centrale rettigheder citeres efter

---

4 *Déclaration des Droits de l'Homme et du Citoyen de 1789*

5. In: *Menneskerettighedserklæringen 26. august 1789 | Verden før 1914 (systime.dk),* Citeret fra nettet 11.9.23. Alle dansksprogede citater i nærværende afsnit er fra denne kilde, medmindre andet nævnes. – "*La libre communication des pensées et des opinions est un des droits les plus précieux de l'homme : tout citoyen peut donc parler, écrire, imprimer librement, sauf à répondre de l'abus de cette liberté dans les cas déterminés par la loi*". In: Déclaration des Droits de l'Homme et du Citoyen de 1789 | Conseil constitutionnel (conseil-constitutionnel.fr). Citeret fra nettet 11.9.23. Alle fransksprogede citater i dette afsnit er fra denne kilde, medmindre andet nævnes.

præamblen her:

"Det franske folks repræsentanter, konstituerede i nationalforsamlingen, har i betragtning af, at uvidenhed om, forglemmelse af og foragt for menneskerettighederne er de eneste årsager til folkenes ulykker og regeringernes korruption, besluttet at fremsætte menneskets naturlige, uforanderlige [fr.: inaliénables] og hellige rettigheder i en højtidelig erklæring, for at denne erklæring altid kan være nærværende for alle medlemmer af samfundet og ustandselig minde dem om deres ret og deres pligter, for at lovgivningsmagtens og den udøvende magts handlinger til enhver tid kan sammenlignes med formålet for enhver politisk institution og således være mere respekterede, og for at borgernes krav i fremtiden kan hvile på enkle og uomtvistelige grundsætninger og altid medføre forfatningernes bevarelse og alles lykke.

Derfor erkender og erklærer nationalforsamlingen i det højeste væsens nærværelse og under dettes forsyn følgende rettigheder:

1. Menneskene fødes og forbliver lige i rettigheder. Sociale forskelle kan kun begrundes med almenvellet.

2. Formålet for enhver politisk sammenslutning er at bevare de naturlige rettigheder. Disse er friheden, ejendomsretten, sikkerheden og retten til modstand

mod undertrykkelse.

3. Friheden består i at kunne gøre det, som ikke skader næsten; brugen af de naturlige rettigheder begrænses kun af, at de andre borgere sikres de samme rettigheder. De grænser kan kun bestemmes ved lov.

4. Grundlaget for al magt hviler hos folket. Ingen stand og ingen person kan udøve nogen autoritet, som ikke udtrykkeligt stammer fra dette".[6]

Derpå følger de sidste 13 af erklæringens i alt 17

---

6 *"Les représentants du peuple français, constitués en Assemblée nationale, considérant que l'ignorance, l'oubli ou le mépris des droits de l'homme sont les seules causes des malheurs publics et de la corruption des gouvernements, ont résolu d'exposer, dans une déclaration solennelle, les droits naturels, inaliénables et sacrés de l'homme, afin que cette déclaration, constamment présente à tous les membres du corps social, leur rappelle sans cesse leurs droits et leurs devoirs ; afin que les actes du pouvoir législatif, et ceux du pouvoir exécutif, pouvant être à chaque instant comparés avec le but de toute institution politique, en soient plus respectés ; afin que les réclamations des citoyens, fondées désormais sur des principes simples et incontestables, tournent toujours au maintien de la Constitution et au bonheur de tous.*

En conséquence, l'Assemblée nationale reconnaît et déclare, en présence et sous les auspices de l'Être suprême, les droits suivants de l'homme et du citoyen.

Article 1er

Les hommes naissent et demeurent libres et égaux en droits. Les distinctions sociales ne peuvent être fondées que sur l'utilité commune.

artikler.

Erklæringen adskiller sig ikke på væsentlige punkter fra *Den Amerikanske Uafhængighedserklæring*; det er sikringen af alle menneskers frihed, lighed, ret til liv, alles ret til stræben efter lykke og folkets ret til at bestemme et lands indretning og udvikling, der understreges deri som ethvert samfunds formål. Hvor *Uafhængighedserklæringen* dog primært betoner de daværende amerikanske koloniers ret til at være frie og uafhængige stater, sigter den franske erklæring i en

---

Article 2

Le but de toute association politique est la conservation des droits naturels et imprescriptibles de l'homme. Ces droits sont la liberté, la propriété, la sûreté, et la résistance à l'oppression".

Article 3

Le principe de toute souveraineté réside essentiellement dans la nation. Nul corps, nul individu ne peut exercer d'autorité qui n'en émane expressément.

Article 4

La liberté consiste à pouvoir faire tout ce qui ne nuit pas à autrui : ainsi, l'exercice des droits naturels de chaque homme n'a de bornes que celles qui assurent aux autres membres de la société la jouissance de ces mêmes droits. Ces bornes ne peuvent être déterminées que par la loi".

immervæk mere udtalt liberalistisk ånd imod den revolutionære emfase af borgernes økonomiske, politiske og juridiske frihed og formelle lighed. Den franske erklæring er konciperet og forfattet under stærke indtryk af og erfaringer med enevældens, standssamfundet og dets privilegiers samt kirkens overgreb på og undertrykkelse af de franske borgere, svarende til de amerikanske kolonisters erfaringer med det engelske monarkis overherredømme.

Menneskerettighederne i den franske erklæring betragtes ligesom i *Den Amerikanske Uafhængighedserklæring* som "naturlige, uforanderlige (den franske tekst har her "*inaliénables*", umistelige) og hellige". At de ikke hidtil eller i hvert i en længere periode var blevet efterlevet, skyldtes ifølge erklæringen "uvidenhed om, forglemmelse af og foragt for" disse rettigheder. Og man forstår heraf, at først og fremmest oplysning ville kunne rette op på denne misere. Den tyske filosof Immanuel Kant (1724-1804) kan muligvis have inspireret *Den Franske Menneskerettighedserklæring* på dette fundamentale punkt, når han hævder, at "oplysning er menneskets udgang af dets selvforskyldte umyndighed"[7]. Dels tildeler også han oplysning en principielt afgørende

7 *"Aufklärung ist der Ausgang des Menschen aus seiner selbst verschuldeten Unmündigkeit"*; in: *Beantwortung der Frage: Was ist Aufklärung?* (1784). Immanuel Kant – Wikiquote. Citeret 15.9.23.

emancipatorisk rolle frem for væbnet opstand, dels skoser han menneskeheden selv for dens mangel på oplysthed, som for Kant altså er "selvforskyldt", hvilket den dog tilsyneladende kun delvis anses for i 1789-erklæringen, når denne taler om "forglemmelse og foragt" for disse rettigheder. "Uvidenhed" om rettighederne derimod er, som det umiddelbart ser ud til i erklæringen, ikke nødvendigvis eller udelukkende selvforskyldt.

Den Franske Menneskerettighedserklæring nævner til forskel fra *Den Amerikanske Uafhængighedserklæring* ikke nogen Gud eller Skaber, men derimod *"det højeste Væsen/den højeste Væren"*. At Gud ikke nævnes i den førstnævnte, kan dels skyldes, at den katolske kirke støttede den enevældige kong Ludvig d. 16., dels at mange revolutionære var filosofiske materialister og/eller i religiøs henseende ateister.

Når en Skaber altså ikke nævnes, kan det, foruden materialisternes og ateisternes modstand herimod, meget vel skyldes, at deismen ikke er ganske klar på dette punkt, at dennes "Gud'" snarere end en Skaber kan forekomme at være en slags *Første Bevæger*, som Aristoteles kaldte sin filosofis "Gud"; det vil snarest sige en demiurg, en "bygmester", der frembringer orden ud af kaos. Dette sidste Guds-begreb kan tolkes som et svækket sådant, det vil sige indeholdende en

Gud, der ikke er fuldkommen herre over sit materiale, men som derimod ordner verden af noget allerede foreliggende, som derfor ikke står fuldkommen i hans magt. Dette i modsætning til den kristne Gud, der skaber af intet og dermed er ubegrænset hersker over sin skabning. Såfremt det i realiteten er dette deistiske Guds-begreb, der er operativt i *Den Franske Menneskerettighedserklæring*, kan der, imod erklæringens klare intention, rejses principiel tvivl om uforanderligheden af 1789-erklæringens menneskeretsbegreb, over hvilket "det højeste Væsen" altså ikke i virkeligheden er fuldstændig herre, idet han ikke fuldstændigt kan se igennem sit materiale, da dette ikke fuldkomment er hans, ikke er skabt af ham. Dette kan videre tolkes som et skridt hen imod en historisk senere potentiel og aktuel relativering eller kritik af menneskerettighederne, som dog altså på ingen måde er intentionen bag *Den Franske Menneskerettighedserklæring.*

Ytringsfriheden bestemmes i *Menneskerettighedserklæringen* af 1789 som "en af menneskets dyrebareste rettigheder", og dens vigtighed understreges på denne måde i nogen grad i forhold til andre af menneskerettighederne. Grunden til denne emfase af ytringsfriheden uddybes imidlertid ikke i erklæringen. Det er nærliggende, at dette kunne skyldes erklæringens lapidariske teseform. En anden eller supplerende forklaring kunne dog være, at ytringsfrihedens relativt fremtrædende status betragtedes som selvindlysende af *Nationalforsamlingens* medlemmer, idet netop forskellige former for ytring – ”tale, skrift og tryk”, som de omtales i erklæringen – er helt uomgængelige for den alt og alle omfattende *oplysning*, der var noget nær alfa og omega for 1789-revolutionens fædre.

Ytringsfriheden såvel som de øvrige, nævnte rettigheder kaldes i *Menneskerettighedserklæringen* af 1789 som sagt for *”uforanderlige”*. Når man vil afdække grunden til denne næsten dogmatiske bestemmelse i en erklæring, hvis dybere intention tydeligvis var udogmatisk og lagde op til borgernes selvstændige tænkning og til dialog og diskussion om alle verdens ting, må man tage erklæringens i samtiden på alle måder antagonistiske, sociale kontekst i betragtning. Man må således spørge: Hvad nu, såfremt *Menneskerettighedserklæringen* kontrafaktisk *ikke* havde insisteret på, at rettighederne var ”uforanderlige”?

Ordet ”uforanderlig” i erklæringen har den de facto nærmest uomgængelige eller nødvendige, offensive brod imod *1789-Revolutionens* modstandere, at dennes tilhængere emfatisk ønskede at forhindre modstanderne i at have held med over for den franske befolkning at kalde rettighederne for arbitrære og derfor ikke spor bedre eller mere sande end de dengang gældende love og sociale ordninger og strukturer, så som feudalismens standssamfund, enevælden og pavekirkens religiøse supremati i datidens Frankrig, hvilke sidste institutioner ellers legitimt ville have kunnet fortsætte som uforandret gældende. Men bortset fra det er der givetvis ikke grund til at antage, at erklæringens fædre og forfattere ikke også skulle have anset de fremstillede menneskerettigheder for *reelt* uforanderligt sande.

Den centrale, filosofiske kritik, der kan rettes imod *Den Franske Menneskerettighedserklæring,* er væsentligt den samme, som tidligere i denne bog blev rettet imod *Den Amerikanske Uafhængighedserklæring,* nemlig dels, at den lader sin "hellighed", sin guddommelige herkomst, fremstå som et rent postulat. Og dels er dens påstand om rettighedernes "naturlige" oprindelse og gyldighed, foruden ligeledes at være uargumenteret, også af den grund problematisk, at naturen i sin umiddelbarhed, som hævdet af eksempelvis socialdarwinismen, lige såvel eller nok snarere kan hævdes at være naturlovstyret af "survival of the fittest" og dens nådesløse konkurrencekamp eller noget lignende, end den kan siges at have menneskets rettigheder som sit umiddelbare formål, denne sidste opfattelse utvivlsomt begrundet i den i erklæringerne uudtalte antagelse, at mennesket umiddelbart er et væsen, som er godt og fornuftigt med menneskerettighederne så at sige indbygget i sig som dets bevidstheds og praksis' øverste leder.

***FN's Verdenserklæring om Menneskerettigheder* af 1948**

Præamblen til den *Verdenserklæring om Menneskerettigheder (A Universal Declaration of Human Rights)*, der er vedtaget på *FN's Generalforsamling* den 10. december 1948, lyder i sin helhed sådan:

"Da anerkendelse af den mennesket iboende værdighed og af de lige og umistelige rettigheder for alle medlemmer af den menneskelige familie er grundlaget for frihed, retfærdighed og fred i verden,

da tilsidesættelse af og foragt for menneskerettighederne har ført til barbariske handlinger, der har oprørt menneskehedens samvittighed, og da skabelsen af en verden, hvor menneskene nyder tale- og trosfrihed og frihed for frygt og nød, er blevet forkyndt som folkenes højeste mål,

da det er af afgørende betydning, at menneskerettighederne beskyttes af loven, hvis ikke mennesket som en sidste udvej skal tvinges til at gøre oprør mod tyranni og undertrykkelse, da det er af afgørende betydning at fremme udviklingen af venskabelige forhold mellem nationerne,

da De forenede Nationers folk i pagten på ny har bekræftet deres tro på fundamentale menneskerettigheder, på menneskets værdighed og værd og på lige rettigheder for mænd og kvinder, og har besluttet at fremme sociale fremskridt og højne levevilkårene under større frihed,

da medlemsstaterne har forpligtet sig til i samarbejde med De forenede Nationer at arbejde for fremme af almindelig respekt for og overholdelse at menneskerettigheder og fundamentale frihedsrettigheder,

da en fælles forståelse af disse rettigheder og friheder er af den største betydning for den fulde virkeliggørelse af denne forpligtelse,

proklamerer plenarforsamlingen derfor nu denne Verdenserklæring om Menneskerettighederne som et fælles mål for alle folk og alle nationer med det formål, at ethvert menneske og ethvert samfundsorgan stedse med denne erklæring for øje skal stræbe efter gennem undervisning og opdragelse at fremme respekt for disse rettigheder og friheder og gennem fremadskridende nationale og internationale foranstaltninger at sikre, at de anerkendes og overholdes overalt og effektivt, både blandt befolkningerne i medlemsstaterne og blandt befolkningerne i de områder, der befinder sig under deres styre".[8]

---

8 In: *FNs verdenserklæring om menneskerettigheder – (amnesty.dk).* Nettet 20.9.23. Alle dansksprogede citater i dette afsnit er fra denne kilde, medmindre andet angives. – "*Whereas* recognition of the inherent dignity and of the equal and inalienable rights of all members of the human family is the foundation of freedom, justice and peace in the world,

Whereas disregard and contempt for human rights have resulted in barbarous acts which have outraged the conscience of mankind, and the advent of a world in which human beings shall enjoy freedom of speech and belief and freedom from fear and want has been proclaimed as the highest aspiration of the common people,

Whereas it is essential, if man is not to be compelled to have recourse, as a last resort, to rebellion against tyranny and oppression, that human rights should be protected by the rule of law,

Whereas it is essential to promote the development of friendly relations between nations,

Whereas the peoples of the United Nations have in the Charter reaffirmed their faith in fundamental human rights, in the dignity and worth of the human person and in the equal rights of men and women and have determined to promote social progress and better standards of life in larger freedom,

Whereas Member States have pledged themselves to achieve, in co-operation with the United Nations, the promotion of universal respect for and observance of human rights and fundamental freedoms,

Whereas a common understanding of these rights and freedoms is of the greatest importance for the full realization of this pledge,

Now, therefore,

Herefter følger i 30 artikler de af FN's *Generalforsamling* vedtagne menneskerettigheder. Artiklen vedrørende ytringsfriheden er den 19. og har følgende ordlyd:

"Enhver har ret til menings- og ytringsfrihed; denne ret omfatter frihed til at hævde sin opfattelse uden indblanding og til at søge, modtage og meddele oplysning og tanker ved et hvilket som helst meddelelsesmiddel og uanset landegrænser".[9]

Erklæringen – der blev til tre år efter og under voldsomt indtryk af *Anden Verdenskrig* og de begivenheder, som med erklæringens ord "har oprørt menneskehedens samvittighed", og her tænkes ikke mindst på det tyske naziregimes udryddelse af

---

The General Assembly

Proclaims this Universal Declaration of Human Rights as a common standard of achievement for all peoples and all nations, to the end that every individual and every organ of society, keeping this Declaration constantly in mind, shall strive by teaching and education to promote respect for these rights and freedoms and by progressive measures, national and international, to secure their universal and effective recognition and observance, both among the peoples of Member States themselves and among the peoples of territories under their jurisdiction". In: Universal Declaration of Human Rights - Wikisource, the free online library. Nettet 20.9.23. De engelsksprogede citater i dette afsnit er fra denne kilde, medmindre andet oplyses.

9 *"Everyone has the right to freedom of opinion and expression; this right includes freedom to hold opinions without interference and to seek, receive and impart information and ideas through any media and regardless of frontiers".*

jøderne, men også på andre forbryderiske overgreb på særlige grupper og individer begået af dette og tilsvarende regimer – holder fast ved tanken om menneskets ”*umistelige* rettigheder”, hvilke såvel *Den Amerikanske Uafhængighedserklæring* som *den franske Menneskerettighedserklæring* på lignende vis udtrykker den afgørende betydning af. Disse rettigheder er i FN-erklæringen særdeles omfattende, idet alle mennesker ifølge denne, foruden tale- og trosfrihed, uddannelses- og informationsret og lige rettigheder uanset køn, også bør nyde frihed fra nød og frygt; mennesker proklameres således at have ret til sikre økonomiske forhold og til arbejde, og de skal endvidere nyde omfattende retssikkerhed hvor end i verden, de måtte befinde sig.

Angående de ”umistelige rettigheders” grundlag ekspliciteres ikke meget i erklæringen. Dog nævnes menneskets ”iboende værdighed”, der i konteksten kunne antyde en tro på en form for menneskeretsartet naturret. Der henvises imidlertid ikke eksplicit til nogen entydig naturret, så udtrykkets mening her indebærer nogen usikkerhed med hensyn til dets fortolkning – menneskets iboende værdighed kunne således eventuelt for en alternativ interpretation bestå i at være essentielt indrettet på at opfylde visse pligter snarere end at være et subjekt med visse retskrav.

Primært er det imidlertid en fælles *anerkendelse* af og en fælles *tro* på – vel at mærke ikke vished om – menneskerettighederne medlemslandene imellem, der lægges til grund for erklæringens vedtagelse. Grundlaget for erklæringen er altså dels en mulig, ikke klart udtrykt tro på en menneskeretslig naturret, dels og først og fremmest er det en konsensus mellem de meget forskelligartede stater.

Gud eller en modsvarende størrelse som ophav til menneskerettighederne nævnes ikke i erklæringen, hvilket sikkert ikke skyldes en fraværende tro i alle medlemslande på, at en Gud så at sige står bag menneskerettighederne. Derimod skyldes det i højere grad, at der blandt medlemslandene var flere erklæret og udpræget ateistiske stater; dette gælder især Sovjetunionen og de øvrige østbloklande, hvis indflydelse på dette punkt der ikke turde herske tvivl om.

FN's Verdenserklæring er altså i høj grad et resultat af, hvad staterne (inter)subjektivt har kunnet blive enige om; den er et kompromis, et resultat af konsensus. Det er således ikke mere end lige netop antydet i erklæringen, at de udmøntede rettigheder objektivt set kan have rod i en eller anden form for naturret. Hvor *Den Amerikanske Uafhængighedserklæring* altså uden forbehold proklamerer rettighederne for "selvindlysende", altså i realiteten absolut sande, er de i *Verdenserklæringen* overvejende befæstet i "tro", dvs., at de er af subjektiv karakter. *Dette gælder generelt for menneskeretskonceptionen i erklæringen og således også for dens konception af ytringsfriheden.*

Dette intersubjektive forhold til menneskerettighederne kan der ses flere grunde til; for det første den filosofiske og alment kulturelle historiske bevægelse fra senmiddelalderen og frem, væk fra og vægren sig ved uforanderlige entiteter, væk fra metafysiske, objektive begreber og forklaringer og omvendt hen imod troen på altings foranderlighed, troen på, at "alt flyder", som det tillægges et dictum af Heraklit (ca. 540-480 f.Kr.), og "alt er relativt", udtrykt med en populær frase.

For det andet har nazismens og fascismens – og muligvis i virkeligheden også kommunismens – dogmatiske ideologier og især deres praksis bevirket en forståelig animositet i mere indflydelsesrige dele af FN over for uimodsigelige opfattelser, de har således også udløst en stærk modvilje imod dogmer vedrørende uimodsigelige – fx "selvindlysende" – menneskerettigheder.

For det tredje kan sovjetmarxismen, repræsenteret af især de sovjetiske politikere i FN, dog på sin side have haft den indflydelse, at en formulering indeholdende faste, transhistoriske, uforanderlige menneskerettigheder ikke blev godtaget af de tilstedeværende kommunistiske politikere, da sovjetideologien opererede med en opfattelse af eller et dogme om et fundamentalt set historisk og samfundsmæssigt helt igennem formbart menneske, der ikke var udstyret med en egen væsenskerne af faste, individuelle rettigheder.

Men på trods af den skepsis i forhold til eksistensen af et objektivt forud givet begreb om menneskerettigheder og på trods af den adgang for relativisme, perspektivisme og pluralisme, som ligger i FN's *Verdenserklæring*, så gives der på sin vis ejendommeligt nok næppe tvivl i erklæringen om, at der ikke er nogen farbar vej for den plagede menneskehed uden om at antage gyldigheden af menneskerettigheder, som ovenikøbet angives at være ”umistelige”, sådan som tilfældet også var i de her tidligere behandlede menneskeretsrelevante erklæringer.

'Argumentet' herfor virker temmelig stærkt; dette implicitte argument peger på den usigelige erfaring af menneskerettighedernes modsætning, det peger på de foregående årtiers krig, umenneskelighed og økonomiske verdenskrise som næsten uimodsigelige grunde til at antage *Verdenserklæringen* om menneskerettigheder. Den helt afgørende passus i erklæringen må således klart være denne: ”(..) tilsidesættelse af og foragt for menneskerettighederne har ført til barbariske handlinger, der har oprørt menneskehedens samvittighed, og (.) skabelsen af en verden, hvor menneskene nyder tale- og trosfrihed og frihed for frygt og nød, er blevet forkyndt som folkenes højeste mål, (.) det er af afgørende betydning, at menneskerettighederne beskyttes af loven, hvis ikke mennesket som en sidste udvej skal tvinges til at gøre oprør mod tyranni og undertrykkelse”. Hvis menneskeheden ønsker at gøre, hvad den kan, for at undgå den foragt for frihed, lighed og retfærdighed, som en rædselsslagen verden lige har set og mennesker har oplevet smerteligt på egen krop, hvis menneskeheden vil forhindre sådant barbari, som verden netop har fået anskuelsesundervisning i, og hvis den vil kunne nyde tale- og trosfrihed og frihed for frygt og nød, så er der ingen vej uden om at vedtage menneskerettighedslove i alle lande. Menneskerettighedslovgivning sås endda for i den grad påkrævet igennem de fascistiske barbariers pres, at gennemførtes den ikke, da var oprør den eneste udvej.

Så hvad enten menneskerettighederne er objektivt givne eller de er resultat af en konsensus-beslutning, ville sikkert de færreste dengang og utvivlsomt endnu i dag kunne komme uden om at indse det helt uomgængelige i en menneskerettighedslovgivning.

Desuagtet åbner FN's *Verdenserklærings pragmatiske tilgang* for kritik af sit subjektivt meningsbårne begreb om menneskerettigheder, al den stund en kulturrelativistisk opfattelse på denne baggrund og ikke uden en vis ret ville kunne have held til at afvise almengyldigheden af menneskerettighedsbegrebet. Og man kan formode, at en sådan afvisning kunne få lettere vilkår på jo længere tidsmæssig afstand, man kommer *1.* og *2. Verdenskrigs* og menneskeudryddelsernes ragnarok. Dels kan de ufattelige begivenheder med tiden mindske noget i betydning hos de ældre mennesker fra dengang, der jo også går bort, dels har de nyere generationer ingen erindring og knap nok nogen tydelig forestilling om det frygtelige, der nærmest selvfølgeligt fremkaldte FN's menneskerettighedserklæring i 1948. Så selv om selve ideen om almene menneskerettigheder med megen ret kan hævdes at være gyldig, så er konsensus-begrundelsen for disse for skrøbelig og åben for en rimelig kritik til, at en despot under særlige vilkår ikke ville kunne få oratorisk og propagandistisk bugt med dem over for offentlighedens flertal.

Den Europæiske Menneskerettighedskonvention af 1950

Den Europæiske Menneskerettighedskonvention var direkte affødt af *FN's Verdenserklæring om Menneskerettigheder* fra 1948. Den blev vedtaget af *Europarådets* daværende 10 medlemsstater – i 2023 er der 47 – den 4. november 1950 og trådte i kraft 3. september 1953. Der er senere tilføjet flere protokoller til den, således *Protokol nr. 6*, hvori det blandt andet af vigtighed hedder *(Artikel 1)*, at "Dødsstraffen skal afskaffes". Konventionen selv består af en *Præambel* samt 59 artikler opdelt i tre hovedafsnit. Den er i 1992 inkorporeret i blandt andre den danske lovgivning. I 1959 oprettedes *Den Europæiske Menneskerettighedsdomstol* med det formål i såvidt omfang som muligt at sikre overholdelse af konventionen.[10]

Præamblen har følgende ordlyd:

"De underskrivende regeringer, der er medlemmer af Europarådet; i betragtning af, at De forenede nationers Plenarforsamling den 10. december 1948 har proklameret verdenserklæringen om menneskerettigheder; i betragtning af, at denne

---

10 Dette underafsnits oplysninger er hentet i *Portal om Den Europæiske Menneskerettighedskonvention | Om Konventionen (echr.dk)* Nettet 23.9.23.

deklaration tilsigter at sikre en universel og effektiv anerkendelse og overholdelse af de deri omhandlede rettigheder; i betragtning af, at Europarådets formål er at tilvejebringe en nærmere forening mellem dets medlemmer, og at en af de måder, hvorpå dette formål skal nås, er opretholdelse og yderligere fremme af menneskerettighederne og de grundlæggende frihedsrettigheder; idet de bekræfter deres dybe tro på disse grundlæggende frihedsrettigheder, som er grundlaget for retfærdighed og fred i verden, og bedst håndhæves på den ene side af et virkeligt demokratisk regeringssystem og på den anden side af en fælles forståelse og en fælles respekt for de menneskerettigheder, hvortil de bekender sig; idet de, som regeringer i europæiske stater, besjælede af samme ånd og med en fælles arv af politiske traditioner, idealer, respekt for frihed og for lovens suverænitet er besluttet på at tage de første skridt til sikring af den kollektive håndhævelse af visse af de rettigheder, der omhandles i verdenserklæringen; er blevet enige om følgende".[11] Herefter følger de 59 artikler med nærmere bestemmelse af rettighederne.

Ytringsfriheden omhandles i *Artikel 10*:

11 In: Portal om Den Europæiske Menneskerettighedskonvention | Den Europæiske Menneskerettighedskonvention (echr.dk). Nettet 23.9.23.

"1. Enhver har ret til ytringsfrihed. Denne ret omfatter meningsfrihed og frihed til at give eller modtage meddelelser eller tanker, uden indblanding fra offentlig myndighed og uden hensyn til grænser. Denne Artikel forhindrer ikke stater i at kræve, at radio-, fjernsyns- eller filmforetagender kun må drives i henhold til bevilling.

2. Da udøvelsen af disse frihedsrettigheder medfører pligter og ansvar, kan den underkastes sådanne formelle bestemmelser, betingelser, restriktioner eller straffebestemmelser, som er foreskrevet ved lov og er nødvendige i et demokratisk samfund af hensyn til den nationale sikkerhed, territorial integritet eller offentlig sikkerhed, for at forebygge uorden eller forbrydelse, for at beskytte sundheden eller sædeligheden, for at beskytte andres gode navn og rygte eller rettigheder, for at forhindre udspredelse af fortrolige oplysninger eller for at sikre domsmagtens autoritet og upartiskhed".[12]

– Det slås fast i *Præamblen*, at medlemslandene bekræfter deres "dybe tro" på de grundlæggende menneskerettigheder og frihedsrettigheder, som de underskrivende regeringer anser for at være grundlaget for retfærdighed og fred i verden. Som i *FN's Verdenserklæring* henvises der i denne erklæring

12 Ibid.

til en ikke yderligere argumenteret ”tro” på menneskerettighederne. Medlemslandene vægrer sig således ved at erklære disse for ”selvindlysende” som det hedder i *Den Amerikanske Uafhængighedserklæring*, eller for åbenbarede i *Bibelen*, videnskabeligt eller filosofisk bevist eller tilsvarende. Begreberne *menneske-* og *frihedsrettighederne* fremtræder på den baggrund som behæftet med nogen usikkerhed. Dog tvivler de underskrivende ikke på, at frihedsrettighederne er grundlaget for retfærdighed og fred. Vil verden altså retfærdighed og fred, så er der ingen vej uden om at antage frihedsrettighederne, desangående findes der ingen vaklen i konventionen.

Som yderligere begrundelse for *Den Europæiske Menneskerettighedskonvention* henvises der til, at de underskrivende nationer er ”besjælede af samme ånd og med en fælles arv af politiske traditioner og idealer”. Disse traditioner og idealer er imidlertid ikke eviggyldige, de har ingenlunde eksisteret fra arilds tid, må det anføres over for konventionens formuleringer, og slet ikke i en udfoldet form. Således er frihedsrettigheder i Danmark først kommet til med *Junigrundloven* i 1849, og i adskillige, forhen totalitære og autoritære europæiske lande er de først blevet lovfæstet efter *Anden Verdenskrig*, for nogle landes vedkommende endda først for få årtier siden. Overleveret tradition og nedarvede idealer er følgelig ikke noget fuldkommen holdbart argument for et sikkert grundlag for rettighederne og deres aktuelle gyldighed.

Det skal bemærkes, at der på den anden side meget vel i princippet lader sig argumentere for, at frihedsrettighederne er umistelige, som det hedder i de tre tidligere behandlede menneskeretserklæringer – men her er nærværende konvention på sin side faktisk forsigtig, idet den ikke taler om rettighedernes umistelighed, muligvis belært af de på affattelsestidspunktet nærmeste historiske erfaringer af det faktuelle tab af rettigheder i kommunistisk styrede lande og ikke mindst for jøder i fascistiske nationer! – for såvidt som denne umistelighed ville være resultat af en *politisk vedtagelse* af rettighederne, der i hvert fald i intentionen skulle gælde nu og i fremtiden, og *ikke* er en metafysisk, eviggyldig sandhed eller en antropologisk, videnskabeligt fastslået naturlov. Umisteligheden ville således ikke have gyldighed for forgangne tiders historie. Og som en altså udelukkende og ifølge sin karakter foreløbig politisk beslutning ville vedtagelsen af rettighederne heller ikke give nogen reel garanti for deres bestandighed som praktisk virkelighed endsige som absolut sandt ideal i al evighed.

Det skal også bemærkes, at, skulle man plædere for en slags menneskerettighedernes principielle uforanderlighed – hvilket tidligere menneskeretserklæringer, men ikke nærværende konvention, gør – så måtte plaidoyeren lyde, at rettighederne til alle tider havde været *historiens iboende, potentielle formål*, som altså først inden for de seneste få århundreder, og muligvis efemert, er blevet realiseret nogle steder i verden. Dette betyder imidlertid også, at rettighederne i den reale, historiske bevægelse altid vil have en principielt transitorisk karakter.

Den Europæiske Menneskerettighedskonvention bygger ligesom *FN-erklæringen* på en tro på menneskerettigheder, men derimod ikke på en filosofisk gyldig argumentation for deres uomgængelighed. Og traditioner og idealer kan uden tvivl være svære at komme uden om som rimelige grunde til at have menneskerettigheder i lovgivningen; men de kan ikke desto mindre i princippet fornægtes som gyldige – traditioner kan afvises i deres egenskab af at være bundet til en bestemt kultur og til bestemte epoker i samme kultur og altså ikke legitimeret af en argumenternes eller fornuftens 'domstol'. Idealer på deres side kan forkastes som ligeledes bundet til en bestemt kultur og i deres egenskab af at være rent (inter)subjektivt vedtaget og uden fast grund.

Traditioner og idealer føjes altså i konventionen som noget forstærkende til den blotte tro på menneske- og frihedsrettigheder. De fjerner imidlertid ikke de (inter)subjektive og transitoriske træk ved konventionen, som derfor ikke synes sikret tilstrækkeligt imod tilbagevisning af de påstande om rettighedernes gyldighed, den fremsætter.

Denne konvention er i lighed med *FN-erklæringen* først og fremmest blevet til som en kommunikativt fremkommet *konsensus-beslutning* af de underskrivende nationers regeringer. Idémæssigt betragtet er det den pragmatiske tilgang, den, om man så må sige, 'nødvendige politik', der er traktatens bærende fundament; det vil sige indsigten i, at, om ikke andet, så krævede tidens truende og foruroligende tilstand simpelthen ubetinget et bolværk imod undertrykkelse, menneskelig fornedrelse og krig i form af menneskeretslovgivning.

Karakteren af den universelle ytringsfrihed præciseres i *Den Europæiske Menneskerettighedskonvention* set i forhold til *FN's Verdenserklæring,* idet den første især i *Artikel 10.2* angiver en række indskrænkninger i eller måske snarere en række nærmere bestemmelser af ytringsfriheden, hvor sidstnævnte erklæring ikke indeholder nogen form for indsnævring af begrebet. Dette fravær af eksplicit indsnævring af begrebet skyldes givetvis ikke, at FN-erklæringen ikke er på linje med den europæiske erklæring; snarere skyldes det, at man ønsker at holde skærpet opmærksomhed på selve ytringsfriheden og kraftigt at understrege denne kort efter en periode, i hvilken ikke mindst ytringsfriheden i store dele af verden var voldsomt truet eller rent ud totalt undertrykt.

Danmarks Riges Grundlovs § 77 angående ytringsfrihed lyder: "Enhver er berettiget til på tryk, i skrift og tale at offentliggøre sine tanker, dog under ansvar for domstolene. Censur og andre forebyggende forholdsregler kan ingensinde på ny indføres".[13]

Om *Grundlovens* idémæssige fundament siges der ikke noget eksplicit, hvilket da heller ikke forekommer urimeligt i en ren lovtekst. Man kan dog utvivlsomt med rimelighed henvise til *Den Europæiske Menneskerettighedskonvention*, hvad angår nærmere begrundelse for nyere grundtanker bag den danske konstitution.

Holder man sig imidlertid til, hvad vi får at vide i selve *Grundloven* om dennes fundament, så er dette fundament den demokratiske beslutning, foretaget af den danske rigsdag og de danske folketingsvælgere ved folkeafstemning, og beslutningen er stadfæstet af kongen. Således lyder Indledningen til *Grundloven* : "Vi Frederik den Niende, af Guds Nåde Konge til

13 In: Grundloven (retsinformation.dk). Nettet 26.9.23. I *Junigrundlovens* (1849) § 91 formuleres bestemmelsen om ytringsfrihed således: *"Enhver er berettiget til ved Trykken at offentliggjøre sine Tanker, dog under Ansvar for Domstolene. Censur og andre forebyggende Forholdsregler kunne ingensinde paany indføres"*. In: *Danmarks Riges Grundlov, 5. juni 1849 (Junigrundloven) (danmarkshistorien.dk)*. Nettet 2.10.23.

Danmark, de Venders og Goters, Hertug til Slesvig, Holsten, Stormarn, Ditmarsken, Lauenborg og Oldenborg, Gør vitterligt: I overensstemmelse med bestemmelserne i § 94 i Danmarks Riges Grundlov af 5. juni 1915 med ændringer af 10. september 1920 har rigsdagen 2 gange vedtaget, og folketingsvælgerne ved en den 28. maj 1953 afholdt folkeafstemning godkendt, hvorefter Vi nu ved Vort allerhøjeste samtykke stadfæster DANMARKS RIGES GRUNDLOV".[14]

Der er altså primært tale om en konstitution, som er vedtaget demokratisk på basis af argumenter, men i teksten uden involvering af spørgsmålet om et objektivt grundlag for loven. Dette spørgsmål tages heller ikke op i den for *Grundloven* paradigmatiske *Europæiske Menneskerettighedskonvention.* Det kan dog ikke udelukkes, at man har afklaret sin stilling til det inden den endelige affattelse af konventionen, men i hvert fald opererer denne ikke eksplicit med et sådant grundlag.

14 Ibid.

Sammenfatning

De her analyserede deklarationer om alle menneskers grundlæggende rettigheder har alle det til fælles, at de ikke lader tvivl tilbage om menneskerettigheders og ikke mindst ytringsfrihedens nødvendighed som lovgrundlag i alle nationer. Og overbevisningen hos de forskellige protagonister bag deklarationerne fremtræder endda så udtalt, at det uden videre tøven fastslås i disse, at overholdes menneskerettighederne ikke, da er oprør eneste påtvungne og retmæssige udvej.

Imidlertid svækkes det teoretiske, filosofiske og/eller teologiske grundlag for erklæringerne i tidsrummet fra *Den Amerikanske Uafhængighedserklæring* af 1776 og *Den Franske Menneskerettighedserklæring* fra 1789, der begge proklamerer menneskets og borgerens fundamentale rettigheder som gudgivne og af naturretslig, selvindlysende ("self-evident", som det siges i den førstnævnte erklæring) væsenskarakter, og så til *FN's Verdenserklæring* fra 1948 og *Den Europæiske Menneskerettighedskonvention* fra 1950, der begge, ligesom i realiteten den danske *Grundlov* af 1953, altovervejende bygger på "tro" og demokratiske konsensusbeslutninger om de grundlæggende rettigheder.

De respektive objektive, filosofiske eller religiøse, faste grundlag for menneskerettighederne er således på de små 200 år i høj grad faldet bort til fordel for subjektive eller intersubjektive beslutninger baseret på de involverede individers, ganske vist utvivlsomt blandt befolkningerne udbredte, (inter)subjektive tro på sådanne rettigheder.

Man er, sagt med jævne ord, i dette tidsrum blevet mere tilbageholdende med at adoptere og kolportere alt for skråsikre sandheder. Denne forsigtighed var givetvis dels et resultat af en generel udvikling i tidens – især vestlige – internationale samfund, fx inden for religion, filosofi og videnskab. Men det var måske især et resultat af, at man var blevet 'vaccineret' imod dogmatiske ideologier, hvilket fascismen, nazismen og kommunismen udvirkede.

Man kan imidlertid dårligt hævde, at efterkrigstidens menneskerettighedserklæringer var resultater af ren decisionisme, dvs. rene beslutninger taget uden noget betydeligt grundlag i virkelige begivenheder. For man så sig af omstændighederne, af dehumanisering, samtidigt barbari, aggressionskrig, af ufattelige lidelser og ødelæggelser tvunget ind i nødvendige og uomtvistelige tanker om grundlæggende rettigheder for alle mennesker. Virkelighedens dengang aktuelle, reale, slette beskaffenhed var så at sige det tvingende 'argument' for menneskerettighederne.

Ikke desto mindre lægger tiden, der går, i sig selv som oftest i større eller mindre grad en også erindrings- og bevidsthedsmæssig afstand til fortidens begivenheder og erfaringer. Menneskerettighedernes selvfølgelighed forekommer med tiden ikke længere alle så selvfølgelig som tilforn, og det bliver med tiden alt andet lige lettere at overbevise mennesker om, at rettighederne ikke er så uomgængelige, som de syntes at være årtier tilbage. Ydermere kan der af modstandere og kritikere pukkes på, at menneskerettighederne ikke er (og heller ikke kan blive) påvist at være objektivt gyldige, men derimod bare faktuelt foreligger (og kun kan foreligge) som resultat af intersubjektive beslutninger eller, som det hedder i en teoretisk moderetning i dag, de er en 'konstruktion', som let lader sig dekonstruere, afskaffe og udskifte med noget andet og eventuelt mindre humant.

Det er da også korrekt, at de aktuelle, nyere menneskerettighedserklæringer er sårbare, fordi de ikke henviser til et objektivt sandhedsgehalt; de forbliver i en (inter)subjektiv sfæres argumentation og åbner derved 'banen' for de subjektive tankers, overbevisningers, ideologiers og handlingers tilhængere, der muligvis for nogles vedkommende ikke ønsker særligt humane forhold i samfund, kultur eller menneskelige relationer i det hele taget. Sagt på en anden måde: de demokratisk legitimerede menneskerettigheder kan ifølge deres egen, inhærente logik hævdes kun at have validitet så længe, der er et demokratisk flertal bag dem, uagtet det tilsyneladende paradoksale faktum, at deres eventuelle ophør ifølge erklæringerne selv må medføre oprør.

Det er derfor af ganske afgørende betydning for rettighedernes fremtid, at de lader sig underbygge med en argumentation for deres objektive, om end vel at mærke ikke absolutte, gyldighed.

KAPITEL 2

Kritik af ideen om menneskerettigheder

Konservativ, kristen kritik

Kritik af menneskerettigheder har rejst sig fra forskelligt hold med divergerende mål for kritikken.

Cand.mag. i historie og religion, Karen Larsen, karakteriserer på denne måde en fremtrædende kristen form for kritik af menneskerettighederne: ”Med hensyn til menneskerettighederne kan man blandt mere konservative kristne på tværs af de forskellige kirkesamfund se en tendens til at forholde sig kritisk over for menneskerettigheder, da man, lidt firkantet sagt, foretrækker at lægge fokus på Guds rettigheder i forhold til mennesket”.[15]

Ifølge opfattelser af denne art har altså udelukkende Gud ”rettigheder”, mennesker derimod har ikke nogen rettighed. Det har mennesket ifølge denne anskuelsesmåde åbenbart ikke for det første, fordi Gud anses for suveræn hersker og for at gøre med mennesker, hvad han vilkårligt vil. Og for det andet er

15 In: *Ferland, Poul (2017),* s. 65. Citatet oprindeligt fra artikel i *Kristeligt Dagblad.*

mennesket for denne opfattelse en synder, der ikke har af arvesynden usvækkede åndsevner i tilstrækkeligt mål til at fastsætte uforanderlige rettigheder for sig selv eller overhovedet til at fastsætte nogen forestillet eviggyldig lov, der blot vil have status af (contra Gud) formastelig og farlig ideologi på linje med fascisme og kommunisme.

Marie Krarup, der har tilknytning til den danske *Tidehvervs*-bevægelse og er tidligere medlem af *Dansk Folkeparti,* luftede i 2015 lignende meninger. Således giver hun udtryk for, at: ”Alle mennesker er syndere, også dem, der tror på menneskerettighedernes godhed”.[16] Krarups kritik, der retfærdigvis må siges i høj grad at bære præg af at være en politisk kritik af den dengang aktuelle offentlige forvaltning af menneskerettighederne snarere end at være en filosofisk eller videnskabelig kritik af selve menneskeretstanken, går endvidere på, hvad hun anser for menneskerettighedernes udskiftelighed med snart sagt hvad som helst: ”Det kan naturligvis nydefineres, hvad der er indeholdt i menneskerettighederne og altså rigtigt. Den, der sidder med definitionsmagten, har stor magt, meget stor magt”.[17] Og i forlængelse heraf sætter hun trumf

---

16 In: *"Menneskerettighederne er moderne kætteri" – Kristendom.dk.* Nettet 4.10.23.

17 In: *Marie Krarup: Menneskerettigheder er farlige for Danmark | Kristeligt Dagblad (kristeligt-dagblad.dk).* Nettet 4.10.23. Artiklen er

på, idet hun giver udtryk for, at: ”Det er et løgnagtigt udgangspunkt. Man kan ikke bygge sin kultur, sit forsvar eller sin udenrigspolitik op på en løgn”.[18]

Med hensyn til det, at kun Gud og ikke mennesker har rettigheder, så synes det dog oplagt – idet vi i analysens interesse her antager kristne præmisser – at den Gud, der ifølge den kristne tanke skaber og giver liv til mennesker, i og med denne vitale handling samtidig giver mennesket den grundlæggende ret til liv. Af denne ret lader der sig udlede andre, centrale rettigheder, hvilket ikke skal udfoldes her, hvor hensigten blot er at demonstrere det uholdbare i den anførte kristne kritik på kristendommens egne præmisser. Vedrørende ytringsfriheden kan det dog fremholdes, at retten til liv må medføre retten til at ytre sig om, hvad der anses for i videste forstand at holde en selv og andre i live, og hvad der ikke gør. At indehave disse og andre rettigheder bliver mennesket ikke mindre ufuldkomment af – i de moderne menneskerettigheder ligger i øvrigt implicit en tydelig og klar erkendelse af menneskers ufuldkommenhed – og den kristne Gud formindskes næppe af at udstyre mennesker med fundamentale rettigheder for jordelivet i en ufuldkommen verden med ufuldkomne mennesker.

---

fra 2012.

18 Ibid.

Marie Krarup har ret i, at menneskerettigheder kan nydefineres, de er til enhver tid åbne for kritik og er demokratisk vedtaget, og de kan desuden fortolkes forskelligt. De kan rigtignok også forvaltes forkert på forskellige niveauer, i administrationer eller domstole, fx for rigidt eller på den anden side for lempeligt. Men menneskerettighedernes foranderlighed betyder ikke, at grundlæggende rettigheder for mennesker ikke har *et objektivt fundament* – som på den anden side også altid lader sig diskutere og ovenikøbet lader sig ændre i takt med blandt andet de historiske og kulturelle omstændigheder, men ikke lader sig eliminere. Hvis ideen om menneskerettigheder var løgn, ville løgnen de facto have fri bane til at indtage deres plads i form af arbitrær, manipulatorisk, menneskefjendsk ideologi, hvad Krarup givetvis ikke ønsker.

Krarup nævner endvidere den danske *Grundlov* af 1849 som eksempel på, hvad hun ser som en modsætning til menneskerettigheder: ”Jeg går selv ind for en række frihedsrettigheder i Danmark: ytringsfrihed, religionsfrihed, lighed for loven, stemmeret for kvinder og så videre, rettigheder, der er del af den danske grundlov, og som ligner menneskerettighederne til forveksling.

Men det er de ikke. De står ikke i Grundloven, fordi vi tror på, at de er udtryk for en højere retfærdighed eller en naturlov, som vi indså og nedskrev i 1849 og senere.

De står der, fordi de er vedtaget som lov. Fordi der var en stor del af befolkningen, der syntes, at det var den rigtige måde at indrette sig på".[19] Det forekommer imidlertid ejendommeligt, at Krarup ikke nævner, at *Grundloven* helt ind i sine inderste celler er gennempræget af 1700-tallets menneskeretsideer og -erklæringer. Og hvorfra hun har sin sikre viden om, at *Grundlovens* fædre ikke skulle mene, at denne lov var "udtryk for en højere retfærdighed", det får læseren ikke noget at vide om. Faktisk er det på ingen måde usandsynligt, at de dengang har haft sådanne tanker. Men det er på den anden side tanker, som de moderne menneskeretserklæringer fra efterkrigstiden ikke bærer præg af, de er netop vedtagelser, love, som verdens befolkninger har ønsket. Og man kan let have det indtryk, at de menneskeretserklæringer, som Krarup primært refererer til, er 1700-tallets og ikke 1900-tallets.

19 Ibid.

Marie Juul Petersen, daværende ph.d. og post.doc. ved *Institut for Menneskerettigheder* skriver i 2015 om islam og menneskerettighederne: ”Islam kan ikke forstås som en entydig størrelse, der pr. definition er enten for eller imod menneskerettighederne, for islam rummer et væld af forskellige stemmer, fortolkninger og holdninger promoveret af forskellige aktører i forskellige kontekster. (..) Det er kun en lille del af verdens muslimer, der tror på at det er muligt – eller ønskeligt – at afskaffe FN og erstatte menneskerettighederne med islamiske rettigheder”. Men: ”Nogle muslimer afviser blankt menneskerettighederne. De anser dem for at være en vestlig opfindelse, baseret på vestlige værdier – og som sådan irrelevante for den muslimske verden”.[20]

En af disse såkaldt ”vestlige værdier” er den, at der så at sige kan diskuteres med alle fremsatte og for så vidt ikke fremsatte opfattelser af enhver karakter, det være sig politisk, religiøs, filosofisk, videnskabelig og kunstnerisk-æstetisk. Selv enhver konfessions Gud kan udsættes for diskussion og kritik.

Muslimen på sin side kan ikke udsætte sin Gud for

---

20 In: *Ferland (2017)*, ss. 65-66. MJP's citerede artikel er fra *Kristeligt Dagblad.*

diskussion eller kritik, for, som det siges på hjemmesiden *islam.dk*:"Allah er menneskets og universets absolutte Hersker".[21] *Det Absolutte* forhindrer på forhånd enhver diskussion med og om herskeren og dennes dispositioner. Og de islamisk relevante menneskerettigheder, som islams Gud ifølge *islam.dk* – hjemmesiden er altså ikke selvforstået modstander af menneskerettigheder overhovedet – immervæk har fremsat, er fuldkommen indisputable.

Om ytringsfrihed som *islamisk konciperet* menneskeret siger *islam.dk*: "Islam giver borgerne retten til tanke- og ytringsfrihed på betingelse af, at den bruges til udbredelse af dyd og sandhed og ikke for at sprede ondskab og dårligdom. Islam tillader under ingen omstændigheder udbredelse af ondskab og dårligdom. Islam giver heller ikke nogen ret til at bruge grove og frastødende vendinger i frihedens eller kunstens navn".[22]

Dette kan ikke hævdes at være en opfattelse af ytringsfrihed, der er forenelig med nogen tungtvejende opfattelse af dette emne i den vestlige verden. At tage fejl, endda også meget fejl, er en selvfølgelig ret, der følger med ytringsfriheden i, hvad man kan kalde den

21 In: Menneskerettigheder (islam.dk). Det fremgår dog ikke af hjemmesiden, med hvilken bemyndigelse og autoritet, den udtaler sig.

22 In: Ytringsfrihed (islam.dk)

vestlige del af verden, men også i andre lande. At tage fejl ("Trial-and-*Error*") er netop et væsentligt princip i al videnskab, og fejltagelse er i det hele taget selve baggrunden for enhver diskussion, hvis inderste formål er frigørelse fra vildfarelsen. Eliminerer man retten til at tage fejl, fjernes også forudsætningen for enhver diskussion og dermed også denne selv, som er selve kernen i demokratiet. Hvad angår "dyden", så har den vist sig i historiens løb også i vesten ofte at have en undertrykkende, ofte traumatiserende og derfor diskutabel karakter og virkning. Som grundlag for en stærkt udbredt og grundfæstet opfattelse har historien vist, at "ondskab og dårligdom" ofte er flertydige og diskutable størrelser, der ikke har en absolut definition. Men undertrykkende, nedværdigende og stærkt ærekrænkende ytringer, således racisme og injurier, er der lovgivning imod. Hvad angår kunstens ytringsfrihed, så bremses denne ikke i den vestlige verden af retsgyldige forbud imod grove vendinger.

Imod den kategoriske afvisning af menneskerettigheder fra "nogle muslimers" side, som Marie Juul Petersen taler om – hvis standpunkt kan sidestilles med det tidligere behandlede kristne, at kun Gud har "rettigheder", mennesker har i princippet ingen – kan det indvendes, at Gud/Allah i og med sin skabelse af mennesker har givet dem retten til livet, altså en grundlæggende menneskeret, der har yderligere, vigtige menneskeretslige konsekvenser.

Retten til at ytre sig frit og med indbygget ret til at tage fejl er væsentligt det samme som menneskers almene ret til at finde rundt i og orientere sig i verden samt søge at finde sig hjemme og til rette i den, hver for sig og sammen med andre. Fjernes eller forhindres denne ytringsfrihed reelt til fordel for religiøse eller andre uantastelige dogmer, så er dette at regne for et dybtgående indgreb i den ret til liv, som enhver religion, der har en skabende Gud, uvægerligt må betragte som hans værk og 'forordning'.

"Regeringer i flere af de nye stater i Afrika og Asien har beskyldt menneskerettighederne for at være redskab for vestlig, kulturel neoimperialisme fordi de påstås at være universelle. Specielt har de kritiseret at menneskerettighederne vedrører det enkelte individ – ikke kollektivet, fx familien. Og at det drejer sig om rettigheder – ikke om gensidige forpligtelser. Og at der ved konfliktløsning er tale om regler der skal efterleves – ikke om forhandling og fokus på at nå et resultat"[23], står der at læse på det danske *Institut for Menneskerettigheders* hjemmeside.

Menneskerettighedernes basale bestræbelse, om hvilken der rigtignok ikke levnes væsentligt rum for forhandling, skønt de ifølge sagens natur er åbne for kritik, er at friholde det enkelte individ fra undertrykkelse, nedværdigelse og krig med videre fra sådanne kollektivers side, der apriori anser individuelle opfattelser og interesser for betydningsløse set i forhold til *det* kollektive samfunds hensigter, der for at forfølge og fuldende sine formål i sin lovgivning og sin praksis eliminerer alt individuelt. Denne bestræbelse er kommet til verden og er blevet

23 In: Er menneskerettighederne universelle? | Institut for Menneskerettigheder. Nettet 6.10.23

manifesteret under indtryk af især fascismens, nazismens og kommunismens ekstremt inhumane misgerninger i det 20. århundrede. Menneskerettighederne lader sig altså kun tyde på den måde, skønt det ikke bliver proklameret direkte, at ethvert kollektiv med magt, fra familie over klan og stamme til statsdannelser, i dag grundlæggende betragtet må anses for at være til for individernes, for det enkelte menneskes og den enkelte borgers skyld og ikke omvendt. Sagt med andre ord: der findes intet kollektiv uden individer, disse er kollektivets forudsætning og begrundelse. Menneskerettighedsdeklarationerne fra ikke mindst det 20. århundrede forpligter således borgerne stærkt på ikke blot hinandens frihed, men desuden på social og økonomisk sikkerhed, og ovenikøbet på retten til arbejde, hvilken sidste dog endnu mangler at blive realiseret i de fleste af verdens lande. På sådan vis forpligter menneskerettighederne altså de menneskelige individer på kollektivet.

Det ligger dog også dybt i menneskerettighederne, at de bæres af en forstående holdning, af vilje til forhandling; ytringsfriheden er således ikke mindst til for at tilvejebringe en gensidig forståelse mellem mennesker i et samfund, til syvende og sidst imellem alle mennesker.

Til kritikken af menneskerettighederne for at være et vestligt projekt kan bemærkes, at de ganske rigtigt er et civilisatorisk og i den forstand vestligt projekt. Men det er samtidig et projekt, der i høj grad er rettet imod vesten selv med henblik på fortløbende kritisk refleksion og korrektion af de fatale vildfarelser, som viste sig i det 20. århundrede og resulterede i millioner af menneskers død og lidelse samt ufattelige materielle ødelæggelser. De moderne menneskerettigheder kan i høj grad kaldes et indledende og meget væsentligt bidrag til vestlig selvkritik.

Skønt de tidligere, såkaldt østeuropæiske lande med Sovjetunionen som toneangivende alle efterhånden skrev under på *FN's Verdenserklæring om Menneskerettigheder* og *Den Europæiske Menneskerettighedskonvention,* har overholdelsen af erklæringernes centrale bestemmelser om frihed beredt disse nationer så åbenbare vanskeligheder, at disse nærmest permanent i disse nationers eksistensperiode førte til klare overtrædelser.

Denne manglende overholdelse af menneskerettighederne er ikke blot et problem, som fandtes i den samfundsmæssige praksis og som opstod af konkrete, praktisk politiske vanskeligheder; vigtige grunde til problemerne lader sig allerede identificere i, hvad der er blevet kaldt den sovjetmarxistiske ideologi.

I *Forordet* til bogen *Zur Kritik der Politischen Oekonomie* (1859) skriver den tyske filosof og økonomikritiker Karl Marx (1818-83) således: "Det er ikke menneskenes bevidsthed, som bestemmer deres væren, men omvendt deres samfundsmæssige væren, som bestemmer deres bevidsthed".[24] Dette for

24 In: Marx: Bidrag til kritikken af den politiske økonomi. Forord (1859) (marxists.org). Nettet 8.10.23. "Es ist nicht das

sovjetkommunismen og anden kommunisme i sin tid meget centrale citat bestemmer altså mennesket som et samfundsprodukt, der er uafhængigt af ikke blot dets egen bevidsthed, som det fremhæves i teksten, men som konsekvens også er uafhængigt af dets egne sanseiagttagelser, fantasi og følelser. Det er dets angiveligt objektive samfundsmæssige væren, der eksklusivt findes at være af betydning, og tilsvarende elimineres menneskets 'subjektive' følelser, tanker og ytringer som værende ikke i besiddelse af nogen videre betydning, de affærdiges som 'falsk bevidsthed'. Kræver samfundets produktionsforhold fx, at mennesker retter sig underordnende efter det industrielle maskineris 'behov', så ville det være uden særlig betydning, at de samme mennesker føler sig og anser sig som fremmedgjort, som objekter i forhold til maskinernes fysiske formkonstruktion, funktion og tempo. Og generelt var det altså kun samfundets (al)vidende, partikommunistiske elite, der under de kommunistiske eller socialistiske samfundsforhold blev tilregnet indsigt i de afgørende, objektive sociale forhold.

Desuden havde det 'objektivt' forståede kollektiv

Bewußtsein der Menschen, das ihr Sein, sondern umgekehrt ihr gesellschaftliches Sein, das ihr Bewußtsein bestimmt". In: Karl Marx - Zur Kritik der Politischen Oekonomie - Vorwort (mlwerke.de). Nettet 8.10.23.

forrang for individet i den kommunistiske ideologi. Menneskene blev forstået som objektive delelementer af det funktionelt arbejdende samfund, hvis hovedstemme arbejderklassen eller rettere dens repræsentanter i det kommunistiske parti var indehaver af. Alle andre mennesker og alt andet blev forstået 'objektivt' i forhold til arbejderklassens, som man anskuede det, historisk og socialt 'objektive' interesser. Ingen individuel endsige systemkritisk stemme skulle derfor høres i samfundet.

Den kritiske røst om, at enkelte mennesker, individer, uafviseligt er en de facto afgørende forudsætning for ethvert kollektiv – for uden individer, intet kollektiv – vendte de kommunistiske magthavere det døve øre til.

Sammenfatning

En religiøs kritik fra såvel kristent konservativ som islamisk side går på, at kun Gud har givne 'rettigheder', mennesker er derimod ubetinget underkastet Guds vilje og har derfor ingen basale, umistelige menneskerettigheder.

Kritikken synes imidlertid at overse den indlysende konsekvens af egne respektive konfessioner, at Gud, i og med han har skabt mennesket, i samme moment har givet mennesket en fundamental ret til liv, og hvad der følger deraf, fx retten til at have diverse behov, der følger med det at være menneske, og til at ytre sig om dem. Den eventuelle hensigt at ville fjerne ytringsfrihed som en menneskeret tenderer således i realiteten hen imod at ville fjerne det liv, som Gud ifølge de store, monoteistiske religioner har sat i verden.

Kritikken af menneskerettighederne for at være en ”vestlig værdi” kan ikke på forhånd eliminere deres universelle legitimitet. Og frem for alt kan ingen ”værdi”, være sig ”vestlig” eller ”østlig”, kræve sin immunitet over for kritisk forholden sig, som ytringsfriheden i sig selv legitimerer.

Den kommunistiske opfattelse af mennesket som et

primært kollektivt bestemt væsen – en opfattelse, som bl.a. også islam eller i det mindste nogle muslimer i princippet synes at hylde; hjemmesiden *islam.dk* taler således om ”menneskehedens enhed” – negligerer, at ethvert kollektiv udgøres af individer, som er forudsætningen sine qua non for et givet kollektivs eksistens. Der kan ikke eksistere et kollektiv uden individer, derimod er det omvendte muligt, om end i reglen utvivlsomt ikke ønskeligt; men i dette sidste tilfælde må kollektivet da eksistere i en form, der er sanktioneret af det relevante samfunds borgere.

De fleste af verdens lande har dog godkendt *FN's Verdenserklæring om Menneskerettigheder* ligesom de fleste europæiske lande har underskrevet *Den Europæiske Menneskerettighedskonvention.* Menneskerettigheder eller tilsvarende synes således bredt anerkendt verden over i det mindste i en eller anden version. Som nævnt siger Marie Krarup således i afsnittet om *Konservativ, kristen kritik:* ””Jeg går selv ind for en række frihedsrettigheder i Danmark: ytringsfrihed, religionsfrihed, lighed for loven, stemmeret for kvinder og så videre, rettigheder, der er del af den danske grundlov, og som ligner menneskerettighederne til forveksling”.

KAPITEL 3

Ytringsfrihedens 'metafysiske' grundlag

Baggrund

Det forekommer en kende ejendommeligt i dag at skulle argumentere for menneskerettigheders principielle legitimitet og uudryddelighed, vel at mærke uafhængigt af deres konkrete formulering i diverse erklæringer og konventioner, der selvsagt ikke nødvendigvis er ubetvivlelige. Den intuitive fornemmelse af, at menneskerettigheder, som det hedder i *Den Amerikanske Uafhængighedserklæring,* er ”selvindlysende” (”self-evident”) er det således nærliggende at bejae. Læg dertil, at langt de fleste af verdens lande har skrevet under på *FN's Verdenserklæring om Menneskerettigheder.* Og det vil endvidere utvivlsomt være vanskeligt at finde et anseligt antal mennesker på denne klode, som fuldkommen vil benægte det sande og berettigede i, at der findes sådan noget som ukrænkelige menneskerettigheder. Det virker med andre ord på den ene side overflødigt og som at slå åbne døre ind at argumentere for menneskerettigheder; der synes tydeligvis at eksistere en så bred, verdensomspændende konsensus og principiel enighed om grundlæggende rettigheder for mennesker, at forsvaret for dem i dag giver indtryk af at være unødvendigt.

Men på den anden side erfarer vi bl.a. igennem pressen om jævnlige overgreb på menneskerettigheder verden over. Ganske vist erkender de fleste uden tvivl en almen interesse i at overholde menneskerettighederne; men politiske eller andre konkrete særinteresser kan ikke desto mindre forlede til, at nogen i praksis søger at omgå dem. Ytringsfriheden ønskes således ikke blot gerne af mangen en autarkisk magthaver reelt indskrænket til ingenting eller til et minimum; en tendens, dog nok i de fleste tilfælde mere rudimentær, til at lukke munden på kritikere findes også blandt magthavere og indflydelsesrige personer i demokratisk styrede lande.

Ytringsfriheden må i det hele taget anses for at være en væsentlig seismograf for forholdet til menneskerettighederne, fordi den er af så vital betydning for kritikere af ikke blot politiske vildfarelser, men for kritikere af enhver vildfarelse af samfundsmæssig relevans, lige såvel som den er af overordentlig stor betydning for nationers regeringer og andre potentater.

Desuden fremkommer der, som det er fremstillet især i *Kapitel 2* i denne bog, endnu i dag kritik af menneskeretsideen fra forskelligt hold, ganske vist ofte med ikke ubetydelige, tilsyneladende menneskeretspositive forbehold. Den kritik, der så at sige er mest substantiel, og som i et længere fremtidsperspektiv under særlige omstændigheder ville kunne få størst negativ indflydelse på den fortsatte tilslutning til menneskeretstanken, dersom denne ikke bliver forankret i en solid argumentation, udgøres af den opfattelse, at *tanken om menneskerettigheder er en konstruktion*, der er kulturelt og socialt opstået og derfor temporær og vil kunne visne hen i fremtiden sammen med de ligeledes forbigående omstændigheder, der har frembragt dem. Ifølge denne *kulturrelativistiske eller socialkonstruktivistiske* opfattelse har menneskerettighederne altså ikke noget reelt, uoverskrideligt fundament i virkeligheden, men kan tværtimod i princippet lige så vel ikke være gældende og ikke eksisterende.

Der er altså tilstrækkeligt gode motiver til at undersøge og fremstille de væsentlige grunde til menneskerettigheders legitimitet, grunde, der ikke lader sig affeje som rene konstruktioner, men som tværtimod har et grundfæstet fundament i tingene, i entiteterne selv, i verdens immanente beskaffenhed.

Menneskerettigheder fremstår som historisk ny erkendelse

Menneskehedens lange historie giver unægtelig benægterne af ”umistelige” menneskerettigheder ubetinget ret. Fra forhistorisk barbari over den europæiske antik, hvor slaver blev betragtet som talende dyr og kvinder var uden for politisk og anden direkte samfundsmæssig indflydelse, og videre over middelalderen, der brændte kættere, til enevældens tid, der også var censurens tid, er eksemplerne på fraværende eller mangelfulde menneskerettigheder legio. Her er blot nævnt nogle yderst få eksempler fra den vestlige verdens historie. Globalt så og ser det i dag ingenlunde bedre ud med de ”umistelige” rettigheder.

I Danmark har menneskerettigheder kun haft større eller mindre, men dog givetvis i tidens løb overvejende stigende, betydning i et par hundrede år, med stavnsbåndets ophævelse i 1788 og ikke mindst *Grundloven* i 1849 som to markante, så at sige menneskeretsindvarslende begivenheder.

Endnu i dag overtrædes menneskerettighederne dagligt rundt om i verden, så de empiriske kendsgerninger taler ganske tydeligt imod menneskerettigheders evige gyldighed. En argumentation for menneskerettighedernes "umistelighed" har altså vanskelige betingelser for sin bevisførelse.

Det er imidlertid på sin plads at betone, at *"det umistelige", der tales om i fx FN's Verdenserklæring om Menneskerettigheder, henviser til nutiden og fremtiden* snarere end eller slet ikke til fortiden. Meningen med betegnelsen "umistelige" i denne og andre deklarationer er altså, at menneskerettigheder ingensinde vil lade sig afskaffe; et forsøg på at afskaffe menneskerettigheder overhovedet ville ifølge disse deklarationer være en retmæssig overtrædelse af yderst grov karakter, men uden at menneskerettighederne vel at mærke af den grund ville være gået tabt for menneskeheden; de ville i afskaffelsesforsøgets 'vellykkede' tilfælde under alle omstændigheder 'blot' være overtrådt.

Den gængse historisering af begreber, der drejer sig om, at det – in casu begrebet "umistelig menneskeret" – der er opstået på et givet tidspunkt i historien, følgelig også senere i historien kan svinde hen igen, kan således dårligt af underskriverne af menneskerettighedserklæringerne anses for at gælde i tilfældet menneskerettigheder, idet overtrædelsen eller ligefrem den juridiske afskaffelse af disse rettigheder i et lands lovgivning ikke anses for ensbetydende med ophøret af menneskerettigheders principielle og 'essentielle' gyldighed nu og i fremtiden.

Når menneskerettighedsrelevante erklæringer fra 1700-tallet og frem taler om "umistelige menneskerettigheder" og tilsvarende, så er det ikke i den hensigt at bebrejde fortiden dens synder. Hvad angår erklæringernes mening om fortidens forhold til menneskerettighederne, indebærer de snarest den opfattelse, at tidligere tiders samfund i reglen dårligt kunne vide bedre og dårligt kunne handle så meget anderledes, end de faktisk gjorde, skønt undtagelser herfra utvivlsomt også fandtes.

Summa summarum ville menneskerettighedserklæringerne give nutidens og fremtidens mennesker et uudryddeligt retsgrundlag på baggrund af en relativt ny erkendelse, den være sig intuitiv eller intellektuel – en erkendelse, der måske kan siges at have befundet sig i kimform siden antikken – af, hvad menneskelivet kan forlange af grundlæggende rettigheder.

Man kan altså hævde, at universelle, individuelle menneskerettigheder fremstår som en epokegørende, i det væsentlige uomstødelig ny erkendelse.

Om ytringsfrihedens begreb, 1:
FN's Verdenserklæring

"Enhver har ret til menings- og ytringsfrihed; denne ret omfatter frihed til at hævde sin opfattelse uden indblanding og til at søge, modtage og meddele oplysning og tanker ved et hvilket som helst meddelelsesmiddel og uanset landegrænser".

I denne *Artikel 19* i *FN's Verdenserklæring om Menneskerettigheder* lægges der ubetinget vægt på alle menneskers ret til frit at ytre sig og til at opsøge og modtage oplysning og tanker, som andre har tænkt, mundtligt, skriftligt eller på anden vis.

Der er noget næsten demonstrativt uigenkaldeligt og uimodsigeligt, noget for eventuelle overtrædere skæbnesvangert over denne artikel som over *Verdenserklæringen* i det hele taget; det fornemmes ganske klart, at overtrædelse ikke vil blive tolereret under nogen omstændigheder. Nogen tvivl om retten til frit at ytre sig er ikke at finde i artiklen. Denne nærmest ultimative sikkerhed lader sig utvivlsomt retfærdiggøre af, at artiklen ikke er beregnet på at give nogen, hverken enkeltmennesker, politiske partier eller andre grupper, en privilegeret stilling, men tværtimod generøst giver ethvert menneske rettigheder, som alle mennesker må respektere. Denne sikre overbevisning om retten til ytringsfrihed leder os uvægerligt i retning af en filosofisk undersøgelse af, hvad der da kan være denne friheds ubetvivlelige grundlag.

Intet menneske kan være alvidende. Allerede denne simple kendsgerning berettiger til, at ethvert menneske må tilstå sine medmennesker muligheden for om visse emner at vide bedre og have mere kvalificerede meninger end én selv. Selv den klogeste kan tage fejl, og "indimellem sover selv den gode Homer" (på latin: "Interdum dormitat Homerus bonus").

Ikke mindst må det enkelte, individuelle menneske tilstås en forrettighed til at udtale sig om den pågældendes egne anliggender, personens behov, ønsker, interesser, følelser og tanker med videre, som andre mennesker ikke kan udtale sig om med samme vægt eller i det mindste ikke med en vægt, som udelukker dén persons ret til at ytre sig og blive hørt på med respekt om sine egne opfattelser, som nødvendigvis i sådanne tilfælde er tættere på det, vedkommende udtaler sig om, end den udefra iagttagende og ræsonnerende person har nogen mulighed for at være.

Det skal imidlertid for det første bemærkes til ovenstående, at det enkelte menneske ikke har en eksklusiv ret til at definere eller karakterisere sig selv, sine egne egenskaber og evner; andre mennesker har alt andet lige ret til at danne sig og give udtryk for deres indtryk af vedkommende, lige såvel som de har ret til at danne sig opfattelser af alt andet i tilværelsen.

For det andet har eksempelvis en person med et særligt handicap, et menneske af et bestemt køn, fra en bestemt socialklasse, af en bestemt nationalitet, af en særlig etnisk gruppe, med en særlig hudfarve, med en bestemt alder eller andet karakteristisk for en bestemt gruppe eller klasse af mennesker ingen privilegeret ret til at have meninger om og udtale sig om denne særlige gruppe. Ethvert menneske kan tage fejl i sin opfattelse, også af sig selv og sine lige, og alle kan på den anden side have ret, uanset hvem man er; den mørkhudede mand fra den sociale middelklasse med stor sensitivitet og begavet iagttagelsesevne kunne i princippet rimeligvis sige meget fornuftigt om fattige, hvide kvinders konkrete sociale vilkår og sikkert også om de tanker, de måtte have givet udtryk for i samtale med ham.

For det tredje kan intet ord tabuiseres ifølge retten til at ytre sig frit, medmindre det er injurierende eller nedværdigende eller tilsvarende og følgelig ulovligt at anvende om en person. Det er uden tvivl rimeligt og respektfuldt ikke at kalde en given hvid mand for 'blegansigt' imod personens ønske; derimod må det stå enhver frit for at bruge ordet som upersonligt begreb eller almenbegreb, fx: "Den hvide mand, af såkaldt oprindelige beboere i Amerika engang ofte kaldt 'blegansigter'". Urimeligt tabuiserende hvis da ikke ligefrem censurerende i forhold til ytringsfriheden forekommer det, ikke mindst i en dansk og skandinavisk sammenhæng, at ville sløjfe et ord som 'neger' fra litterære skrifter endda af store, afdøde humanister og racismemodstandere som Astrid Lindgren og Halfdan Rasmussen. Det tilkommer ikke nogen at fortolke et ords nutidige relevans på forfatterens vegne; spørgsmålet, om forfatteren – som i øvrigt meget vel kunne være sprogligt mere bevidst end de, der ønsker den sproglige udrensning – i dag ville fjerne bestemte ord fra sine skrifter, ville kun forfatteren selv have kunnet besvare på kvalificeret måde. Men såfremt fx nogle nulevende forfattere og kunstnere imidlertid ønsker at revidere deres værker og fjerne bestemte ord, er det naturligvis deres eget anliggende.

Ytringsfriheden er altså for det første begrundet i dels menneskers påkrævede *beskedenhed* ifølge sagen selv i forhold til det andet menneskes i princippet bedre, mere kvalificerede mulighed for og ret til at udtale sig om sine egne anliggender, dels i alle menneskers interesse i at få de bedst kvalificerede eller ligefrem bedst begavede opfattelser om givne emner frem i lyset og ud i offentligheden. Også dette sidste er begrundet i menneskers uomgængelige erkendelse af egen begrænsning, hvad angår undersøgelse af, viden om og indsigt i alle verdens anliggender.

– Retten til at ytre sig frit har endvidere en væsentlig grund i den erkendelse, at den erkendende (subjektet) aldrig i sin erkendelse er eller kan være identisk med det emne eller den genstand, vedkommende står over for at erkende (objektet). Der er simpelthen altid en afstand mellem disse, som ikke lader sig overskride på sådan vis, at subjektet kunne bringe sig i stand til at erklære, at det er indehaver af den totalt udtømmende definition af og den reale og totale bestemmelse eller fuldkomne magt over det givne objekt. For subjekt og objekt er altid på såvel rumslig som tankemæssig distance af hinanden; subjektet er aldrig identisk med objektet, og objektet har sin egen, rigtignok variable, bestemmelse eller formål uafhængigt af subjektet. Særligt relevant for denne bogs sammenhæng kan dette udtrykkes sådan: det ene menneske har sin egen foranderlige, ikke på forhånd fastlagte bestemmelse og selvbestemmelse uafhængigt af det andet menneske, hvilket imidlertid ikke udelukker diskussion og aftaler om fælles anliggender.

Objektet er altså altid noget andet og mere end subjektets bestemmelse af det og over det. Dette ligger også i den tyske filosof Immanuel Kants skelnen imellem ”tingen for os” (”Das Ding für uns”) og ”tingen i sig selv” (”Das Ding an sich”), hvor den første altså er den erkendte ting, mens den anden er tingen selv, der ikke lader sig erkende fuldkomment, som den er i sig selv, som altid holder sig på en vis afstand af den erkendende. Det vil sige, at den erkendende altid kan tage fejl af det, vedkommende søger at erkende, eller den erkendende kan have overset vigtige sider af den pågældende sag, fejl og sider, som andre mennesker måske ser. Derfor er dogmatisme, censur og lignende til ulempe for erkendelse, der ellers kunne have været til fordel for hele menneskeheden, erkendelse, som ytringsfriheden på den anden side klart gavner.

Ytringsfrihedens begrundelse kan også udtrykkes på den måde, at verden ikke lader sig indfange af menneskers begreber – allerede ordet 'begreb' kan siges i nogen grad at være misvisende, idet det indeholder den illusion, at mennesker i og med begrebet har et sikkert 'greb om', 'kan gribe om' og holde den omhandlede ting fast i sit 'greb'. Men det objekt, man forsøger at (be)gribe er altid *mere,* end hånden eller begrebet så at sige kan rumme. Og det rimeligt gyldige begreb af i dag er desuden det forældede begreb af i morgen; morgendagens i dag ikke kendte verden kræver i princippet nye begreber, og disse må være åbne for kritik og udogmatiske. Denne en hvilken som helst dogmatismes umulighed i en verden, hvor intet begreb kan være immunt over for fejltagelse, og i hvilken åbenhed for kritik er påkrævet, udstyrer således ytringsfriheden med legitimitet.

– Det er tidligere i bogen blevet påpeget, at ifølge kristendommen og andre monoteistiske religioner, som har en skabergud, må det gudskabte menneske have ret til det liv, som Gud altså antages at have skabt det til. Retten til individets eget liv må følgelig være en fundamental ret for alle de som individer skabte mennesker. Og ikke mindst retten til at ytre sig om sine egne og sine med samme rettigheder udstyrede medmenneskers behov, ønsker, interesser osv. følger af troen på den gudgivne ret til liv.

Tilsvarende ret til livet har imidlertid enhver, som livet er blevet givet til ved fødslen, *helt uafhængigt af, om man tror på en skabende Gud.* Livet kan være af kortere eller længere varighed, men det tilkommer ikke noget andet menneske eller nogen menneskelig institution, stat eller noget andet fællesmenneskeligt organ at afbryde dette liv. Den, der har fået livet, har også retten til det. Omvendt må det utvivlsomt hævdes, at den, der vil gøre sig til herre over livet, og ikke mindst over andre menneskers liv, er på vildspor, for uanset hvem vedkommende er, har denne ikke skabt livet, ej heller har den pågældende nogen fundamental og altomfattende magt over det. Så længe det enkelte menneske altså er i live, har det en ubetvivlelig ret til dette liv, det har ingen andre nogen legitim ret til at afbryde, for intet menneske er selve livets retmæssige herre med fuld indsigt i dette. Dermed må det enkelte menneske også tilskrives retten til at ytre sig om sit liv og dets betingelser i videste betydning.

Om ytringsfrihedens begreb, 2: Den Europæiske Menneskerettighedskonvention

"1. Enhver har ret til ytringsfrihed. Denne ret omfatter meningsfrihed og frihed til at give eller modtage meddelelser eller tanker, uden indblanding fra offentlig myndighed og uden hensyn til grænser. Denne Artikel forhindrer ikke stater i at kræve, at radio-, fjernsyns- eller filmforetagender kun må drives i henhold til bevilling.
2. Da udøvelsen af disse frihedsrettigheder medfører pligter og ansvar, kan den underkastes sådanne formelle bestemmelser, betingelser, restriktioner eller straffebestemmelser, som er foreskrevet ved lov og er nødvendige i et demokratisk samfund af hensyn til den nationale sikkerhed, territorial integritet eller offentlig sikkerhed, for at forebygge uorden eller forbrydelse, for at beskytte sundheden eller sædeligheden, for at beskytte andres gode navn og rygte eller rettigheder, for at forhindre udspredelse af fortrolige oplysninger eller for at sikre domsmagtens autoritet og upartiskhed".

Denne *Artikel 10* i *Konventionen* ligger i forlængelse af *FN-Verdenserklæringen*; men da den er affattet med sigte på implementering i nationernes lovgivning, har den en mere udførlig og detaljeret karakter, ikke mindst rummer den en række mere konkrete begrænsninger i forhold til ytringsfriheden. Et vitalt spørgsmål er imidlertid, om begrænsninger af denne slags betyder en indskrænkning af ytringsfriheden, eller de tværtimod betyder en kvalificering af den. Dette vil blive søgt belyst i det følgende.

I *Artikel 10.1* sanktioneres staternes mulighed for om nødvendigt at hindre radio-, tv- og filmforetagender i at få bevilling til at drive deres virksomhed. Denne mulighed er givetvis blandt andet begrundet i ønsket om at forhindre økonomisk stærkere personer eller virksomheder med særinteresser i via deres medier af en størrelse, som den almindelige borger af pekuniære grunde ikke kan oprette og hamle op med, at få en for dominerende, monopollignende, potentielt ensidig og meningsdannende position i samfundet. Denne bestemmelse angående mediers udsendelses- og forevisningsbetingelser betyder lader sig således dårligt forstå som en indskrænkning af ytringsfriheden, men derimod som beskyttelse af denne.

I *10.2* betones det først, at der ikke gælder nogen frihed til at undergrave borgernes sikkerhed og rettigheder med sine ytringer igennem at bringe "den nationale sikkerhed, den territoriale integritet eller den offentlige sikkerhed" i fare. Ytringsfriheden er således ikke den enkeltes individuelle ret til at sige hvad som helst, dersom den pågældende ytring bringer også *den almene ytringsfrihed* i fare. Ytringsfriheden er alle og enhvers ret til at ytre sig og ikke den enkelte borgers ret til med sine ytringer at medvirke til at eliminere denne alment gældende rettighed til at ytre sig.

Noget tilsvarende kan gøres gældende, når ytringsfriheden sætter en grænse ved tale eller skrift, der fremmer eller giver gode betingelser for "uorden og forbrydelse". Det, der giver anledning til uorden, kunne fx være alvorlige anslag imod en gruppes respektabilitet, dens status som ligeværdige medborgere eller deres troværdighed og derigennem så mistillid til deres deltagelse og udsagn i den offentlige debat. Også i dette tilfælde er det i artiklens ånd ikke at begrænse ytringsfriheden, men derimod at beskytte den. Borgernes ytringsfrihed, hvis vi begrænser os til blot at betragte konsekvenserne for den, beskyttes også derved, at ytringer, der kunne føre til forbrydelser imod dem, ikke tillades ifølge *10.2*. For dels kunne forbrydelsen bestå i legemlig personskade, der i kortere eller længere tid afholder personen fra at kunne ytre sig, dels kunne en forbrydelse, uanset af hvilken art, have en psykologisk virkning på personen, der afskærer vedkommende fra i en periode af måske livslang varighed at kunne deltage i den offentlige debat.

Generelt kan det rettelig hævdes, at *Artikel 10's* begrænsninger i forhold til ytringsfriheden ikke har karakter af indskrænkninger i denne, ikke er begrænsninger, der på en måde uden fuld legitimitet skulle være imod denne frihed, men derimod er begrænsninger, der implicit og immanent har til hensigt at beskytte borgernes ytringsfrihed ved at beskytte borgerne i det samfund, hvor den er gældende lov.

Ytringsfriheden er altså ikke og kan umuligt være en absolut frihed for det enkelte individ. Ytringsfriheden er en almen frihed, den er til enhver tid alle menneskers ret uden undtagelse og må reflektere dette ved at forbyde eller forhindre, at enkelte menneskers ytringer undergraver den almene ret, undergraver alle menneskers ret til at ytre sig.

Artikel 10 *kvalificerer således efter sin hensigt ytringsfriheden; den bestemmer den nærmere og altså mere kvalificeret, men den indskrænker den derimod ikke.*

Imidlertid er det rimeligt at spørge, om ikke *Konventionens* specifikke kvalificering af ytringsfriheden lader sig diskutere. Det gør den naturligvis ligesom enhver anden mulig kvalificering. Og måske falder det især i øjnene for danskere og andre skandinaver anno 2023, at ytringsfriheden har en grænse bestemt af hensyn til "sædeligheden". Danmark har jo eksempelvis for længst frigivet såvel litterær pornografi som billedpornografi, og skadevirkningen på borgerne og ytringsfriheden har, efter hvad man ved, vel næppe været omfattende eller betydelige. Men muligvis kunne man i andre lande velmenende være af den opfattelse, at pornografi i ekstreme tilfælde kunne medføre eller inspirere til sædelighedsforbrydelser.

Det skal understreges, at ytringsfriheden er konciperet for og stadig den dag i dag skal tjene den almene oplysning. Ytringsfriheden er således ikke primært til for, at den enkelte borger kan bringe sådan noget som sin helt private frustration, ærgrelse, antipati eller animositet ud i offentligheden, skønt det private følelsesudbrud ud i en offentlig kontekst vel immervæk i visse tilfælde kan have dels en slags 'katarsisk', rensende effekt i den pågældende privatpersons mentale liv, dels kunne blive belyst og diskuteret til samfundets gavn i den offentlige debat. Men ytringsfriheden er ikke først og fremmest et subjektivt og privat projekt. Den er tværtimod grundlæggende et mellemmenneskeligt projekt, der ikke mindst retter sig efter at finde frem til, hvad der kan være ret og uret i samfundet, i forholdet mellem mennesker, i videnskab og filosofi, samt hvad der kan være godt og mindre godt i kunsten. Og denne fællesmenneskelige bestræbelse må så at sige ideelt set være fri for ytringstvang, være fri for indre såvel som ydre tvang, der overbestemmer ytringen. "Herredømmefri kommunikation" ("herrschaftsfreie Kommunikation") var den tyske filosof Jürgen Habermas' (født 1929) betegnelse for den ideelle samtalebetingelse i samfundet, og "herredømmefrit udtryk" kunne tilsvarende være en betegnelse for en ideel, social betingelse for kunstnerisk fremstilling eller ytring. Ytringsfriheden er altså grundlæggende en intersubjektiv rettighed og et projekt, som efter intentionen forsøger ved fælles, international indsats og hjælp at skaffe sig oplysning om verden inden for mangfoldige områder.

Sammenfatning

"Det umistelige", der tales om i fx FN's Verdenserklæring om Menneskerettigheder*, henviser til nutiden og fremtiden* snarere end eller slet ikke til fortiden. Meningen med den anvendte betegnelse i denne og andre deklarationer er altså, at menneskerettigheder aldrig kan lade sig afskaffe.

Menneskerettighedserklæringerne ville give nutidens og fremtidens mennesker et uudryddeligt retsgrundlag på baggrund af en relativt ny erkendelse, der dog måske kan siges at have befundet sig i kimform siden antikken, af, hvad menneskelivet kan forlange af grundlæggende rettigheder.

Man kan altså hævde, at universelle, individuelle menneskerettigheder fremstår som en epokegørende, i det væsentlige uomstødelig ny erkendelse.

Ytringsfriheden er for det første begrundet i dels menneskers påkrævede beskedenhed ifølge sagen selv i forhold til det andet menneskes bedre, mere kvalificerede mulighed for og ret til at udtale sig om sine egne anliggender, dels i alle menneskers interesse i at få de bedst kvalificerede eller ligefrem bedst begavede opfattelser om givne emner frem i lyset og ud i offentligheden. Også dette sidste er begrundet i menneskers uomgængelige erkendelse af egen begrænsning, hvad angår undersøgelse af, viden om og indsigt i alle verdens anliggender.

Retten til at ytre sig frit har endvidere en væsentlig grund i den erkendelse, at den erkendende (subjektet) aldrig i sin erkendelse er eller kan være identisk med det emne eller den genstand, vedkommende står over for at erkende (objektet). Der er altid en afstand mellem disse, som ikke lader sig overskride på sådan vis, at subjektet bringer sig i stand til at erklære, at det er indehaver af den totalt udtømmende definition af og den reale magt over det givne objekt. For subjekt og objekt er altid på såvel rumslig som tankemæssig distance af hinanden, subjektet er aldrig identisk med objektet, og objektet har sin egen, rigtignok variable, bestemmelse eller formål uafhængigt af subjektet. Det vil i virkeligheden sige, at den erkendende altid kan tage fejl af det, vedkommende søger at erkende, eller den erkendende kan have overset vigtige sider af den pågældende sag, fejl og sider, som andre måske ser.

Så længe det enkelte menneske er i live, har det en ubetvivlelig ret til dette liv, det har intet andet menneske nogen legitim ret til at afbryde, for intet menneske er selve livets retmæssige herre. Det må understreges, at denne (menneske)ret, retten til livet, imidlertid kun kan nydes af individer, der i det mindste potentielt er i stand til at erkende og respektere denne ret, dvs. alle mennesker, altså enhver, der er født af et menneske, uanset dennes faktiske evner og egenskaber. Er et individ derimod artsmæssigt konstitutionelt ude af stand til at erkende sine egne og andres rettigheder, in casu retten til liv, da kan denne rettighed og rettigheder overhovedet ikke eksistere for individet. Dyret, og rovdyret er i denne sammenhæng mønstereksempel på dyret, er således, trods det, at det er et levende væsen, ikke i stand til at erkende sin egen og andre individers ret til liv; retten til liv er derfor slet ikke uden videre gyldig for dyret, det er ikke en ret, som det anerkender eller overhovedet er i stand til at erkende og anerkende. Retten til liv kan i princippet udelukkende eksistere som en gensidig forpligtelse mellem potentielt eller aktuelt retsligt myndige individer; kan retten umuligt være eller blive anerkendt af mindst den ene af de relevante parter, så kan den slet og ret ikke eksistere som ret. Ikke desto mindre kan mennesker i større eller mindre omfang anerkende dyrs ret til liv, men det forudsætter, at det eller de pågældende dyrs eventuelle trussel imod menneskers liv i princippet er fuldkommen elimineret, fx igennem domesticering eller anden forholdsmåde fra menneskers side.

Men hvorom alting altså er: med retten til liv har det enkelte menneske også retten til at ytre sig om sit liv og dets betingelser i videste betydning. Med andre ord er sproget – og det indbefatter såvel, tale-, skrift-, billed- som tonesproget – en livsytring, en måde, den enkeltes liv ytrer sig på.

Den Europæiske Menneskerettighedskonvention, Artikel 10's begrænsninger i forhold til ytringsfriheden har ikke karakter af indskrænkninger i denne på den måde, at de uden fuld legitimitet skulle være imod denne frihed. Derimod har de til hensigt implicit og immanent at beskytte borgernes ytringsfrihed ved at beskytte borgerne i det samfund, hvor den er gældende lov.

Ytringsfriheden er altså ikke og kan umuligt være en absolut frihed for det enkelte individ. Ytringsfriheden er en almen frihed, den er til enhver tid alle menneskers ret uden undtagelse og må reflektere dette ved at forbyde eller forhindre, at enkelte menneskers ytringer bidrager til at undergrave den almene ret, bidrager til at undergrave alle menneskers ret til at ytre sig.

Set på denne baggrund *kvalificerer* Artikel 10 *i* Den Europæiske Menneskerettighedskonvention *efter sin hensigt ytringsfriheden; dvs., at den bestemmer den nærmere og altså mere kvalificeret, den indskrænker den derimod ikke.*

Ytringsfriheden er ikke først og fremmest et subjektivt og privat projekt. Den er tværtimod grundlæggende et mellemmenneskeligt projekt, der dybest set retter sig efter at finde frem til, hvad der kan være ret og uret i samfundet, i forholdet mellem mennesker, i videnskab og filosofi, og hvad der kan være godt og mindre godt i kunsten. Og denne fællesmenneskelige bestræbelse må så at sige ideelt set være fri for ytringstvang, den må være fri for indre såvel som ydre tvang, der ubevidst overdeterminerer ytringen.

KAPITEL 4

Afslutning om menneskerettighedernes 'metafysiske' grundlag

Som det er søgt påvist i denne bog, kan der kun dårligt være tvivl om, at menneskerettighedstanken som sådan er et civilisatorisk fremskridt, politisk, socialt, juridisk, kulturelt og idémæssigt. Lige så lidt turde der være tvivl om, at menneskerettighedstanken er irreversibel, den lader sig ikke rulle tilbage til tidligere tiders samfunds- og menneskeopfattelser, i hvilke diskrimination, censur af skrift og tale, fængsling og tilintetgørelse af politiske modstandere, fravær af retssikkerhed med meget mere var legitimt. Sligt findes rigtignok endnu i dag i dele af verden, men legitimt er det ikke længere og kan det aldrig blive igen, uanset hvor og i hvilket navn, det måtte finde sted.

Det 'metafysiske' moment ved menneskerettighederne, som der plæderes for i denne bog, har bund og grund i denne menneskerettighedernes irreversibilitet. Tanken om grundlæggende rettigheder for mennesker kan ikke længere udryddes; den er en gang kommet frem for tanken og lader sig ikke tænke bort igen. Den er ganske vist opkommet som historisk fænomen, er vokset ud af det historisk oprindelige barbari, hvor tanken og den samfundsmæssige praksis ikke kendte til menneskeret, højst rudimentært i nogle tilfælde. Ikke desto mindre er den moderne erkendelse af denne tanke af en så vital karakter, at den ikke lader sig tilbagekalde igen. Den er grundfæstet i selve menneskelivet til forsvar for dette til hver en tid.

Tanken om menneskeretten er således i dag uudryddelig, fordi den er objektivt begrundet i de basale betingelser for menneskelivet, hvilket er 'det metafysiske' moment ved den. Den er imidlertid samtidig af historisk karakter, opkommet i historien og desuden i sin konkrete udformning foranderlig i takt med de konkrete historiske omstændigheder og på basis af drøftelser verdens lande imellem. Det også historiske og variable ved menneskerettighederne er grunden til, at 'det metafysiske' ved dem sættes i anførselstegn, idet menneskerettigheder ganske vist er ”umistelige”, men de er ikke uforanderlige, det er principielt muligt at revidere dem. Forholdet mellem 'det metafysiske' moment og det historiske moment ved menneskerettighederne er således dialektisk; det 'metafysiske' moment er selv historisk og foranderligt, mens det historiske moment nødvendigvis må forholde sig til og ikke kan eliminere 'det metafysiske' moment i sig.

Menneskeretten til (et såvidt muligt godt) liv kan med rimelighed siges at begrunde menneskerettighederne generelt; det gælder, ud over ytringsfriheden, fx retssikkerhed, social sikkerhed, økonomisk tryghed og sikkerhed imod urimelig behandling på sin arbejdsplads.

Kritikken af menneskerettighederne i Skandinavien retter sig aktuelt ikke så meget efter disse nævnte og tilsvarende rettigheder, som i realiteten i høj grad er anerkendt af langt de fleste på begge politiske fløje. Den retter sig, senest ikke mindst i dette år 2023 i Sverige, primært imod en politisk indflydelsesrig fortolkning af den menneskeretsbaserede *FN's Flygtningekonvention* af 1951, der er resulteret i, hvad kritikere vel kort sagt anser for sådan noget som naivitet og overkompensation, dvs. angst for ikke at være imødekommende nok, i forhold til flygtninge og indvandreres rettigheder. Og kritik af menneskerettigheder samt forvaltningen af disse er naturligvis af vital betydning for disses præcisering, hvad enten kritikken viser sig at være berettiget eller ej. Men selv berettiget kritik kan ikke rokke ved tanken om, at mennesker uafviseligt har rettigheder,

der beskytter, forsvarer og måske forbedrer deres eksistens.

LITTERATUR

Ferland, Poul (2017): *Hvorfra kommer menneskerettigheder? Grundrids til en genovervejelse af begrebet.* In: *At tænke selv. Kritiske essays om kultur, kunst, filosofi og samfund*

En hel del tekster, herunder menneskerettighedserklæringerne, er hentet fra diverse hjemmesider på nettet. Nærmere information herom findes i de relevante fodnoter.